Vettor Pisani

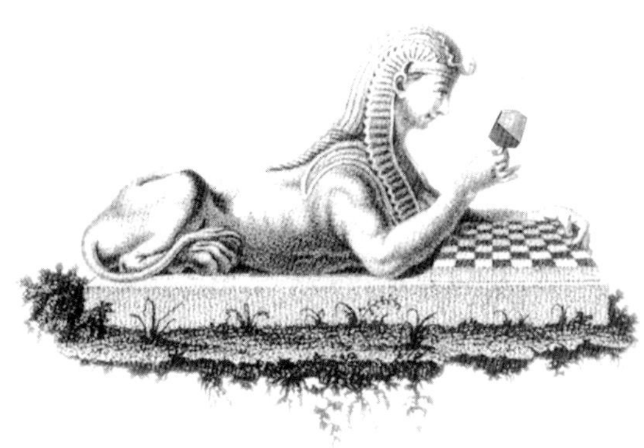

L'Enigma non esiste.
Di ciò di cui non si può dire o parlare
bisogna tacere.

Ludwig Wittgenstein

Dedicato all'Errore e agli errori

L'Arte serve a far vedere l'indicibile (invisibile).
Attenzione! Questo non è un libro o un catalogo serio e severo (scientifico) sulla mia opera.
È piuttosto un canovaccio, una specie di brogliaccio improvvisato e divertente, spiritoso delle mie idee peregrine sui contenuti, sul senso segreto (nascosto) della realtà, dell'Arte e della cultura.
Un divertissement, un divertimento artistico e filosofico ad uso e consumo dei profani, un piccolo inaudito gioco ermetico-didattico (spiritoso) per giovani apprendisti, per studenti dell'Arte; lo affido come gioco e divertimento soprattutto al pubblico distratto e svogliato, ai bambini inconsapevoli.

Vettor Pisani

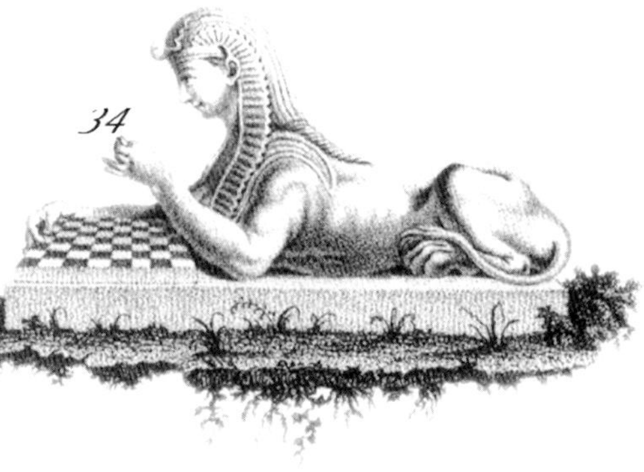

Enigma doesn't exist.
Whereof one cannot speak thereof
one must be silent.

Ludwig Wittgenstein

Dedicated to the Error and Errors

The purpose of Art is to reveal the ineffable (the invisible).
This is not a serious and scientific catalogue of my work, but rather a draft, a sort of improvised sketch of my ideas on the contents, on the hidden and secret meaning of art and of culture.
A divertissement, a philosophical and artistic diversion for the enthusiast, a little hermetic-didactic game for art students; I entrust it as a game and diversion above all to children.

Vettor Pisani

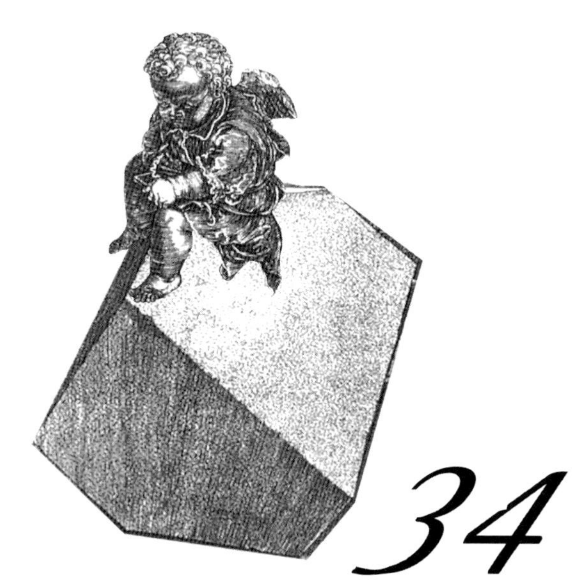

34

Vettor Pisani
Virginia Art Theatrum
(Museo della Catastrofe)

A cura di / Edited by Giuliana Setari

CHARTA

Questo libro, definito da Vettor Pisani "romanzo figurativo", che narra attraverso le immagini l'errare alla ricerca del senso dell'Opera, ha preso avvio circa un anno fa. Raccoglie infatti i testi degli interventi degli studiosi che allora convennero a Serre per la presentazione del Virginia Art Theatrum (Museo della Catastrofe) di Vettor Pisani e che ne hanno poi seguito gli sviluppi. Ad essi si aggiunge un testo pubblicato di recente in Francia e, per volontà dell'artista stesso, alcune note da me elaborate su richiesta di Sergio Risaliti, desideroso di documentare il progetto di Vettor Pisani nella rivista del Palazzo delle Papesse da poco inaugurato a Siena.

L'esercizio di scrittura mi ha indotto a mettere a fuoco le mie riflessioni sulla straordinaria esperienza del farsi di questo teatro alla quale partecipo e nella quale convergono precedenti esperienze condivise con Vettor e Mimma Pisani in altri momenti della nostra vita e in altri luoghi, a New York o a Casa Solitaria a Capri, così vicina alla Villa Malaparte di cui si parlerà ripetutamente nel libro.

Invitando i lettori a seguire i due personaggi, visitatori ideali e iniziandi del singolare Museo della Catastrofe che compaiono nelle pagine a colori, desidero ringraziare coloro che hanno creduto con me nel sogno e nel progetto di Vettor Pisani ed in varia misura si sono adoperati per la sua realizzazione: Mimma Pisani, Giovanni e Pina Pugliese, Serafino e Sandra Maiorano, Gustavo e Vittoria Commodari, Alvaro Forzoni, sindaco di Rapolano Terme, Giulio Pini, assessore alla Cultura, Mario Pieroni e Dora Stiefelmeier che dirigono il Centro Civico per l'Arte contemporanea La Grancia, Ida Gianelli, direttore del Castello di Rivoli Museo d'arte contemporanea, Antonio De Martinis, Flavio e Maria Pia Civitelli, Enzo e Cinzia Giganti, Stelio Benedetti, Anna Rosa e Giovanni Cotroneo, Gemma De Angelis Testa, Stefano e Anna Ughi, Laura Meucci, Giuseppe Russo, Marianna Neri e i serrigiani tutti che guardano con curiosità e simpatia al museo che prende forma nel loro territorio.

Seguire il progetto del Virginia Art Theatrum e la stesura di questo libro ha comportato stare via da casa spessissimo. Ho potuto farlo perché mio marito Tommaso, i miei figli Nicola e Alice, e mia madre Desdemona Palmizio Carusi sanno quanta importanza riveste l'arte nel contesto globale della mia vita: non posso che essere oltremodo grata ai miei cari di tutto il loro affettuoso sostegno.

Da ultimo, ma avrei dovuto citarlo per primo, ringrazio Vettor Pisani di avermi reso partecipe del suo straordinario progetto.

Giuliana Setari

This book, described by Vettor Pisani as a "figurative novel" that uses images to narrate the wandering about in search for the meaning of the work, began about a year ago. Putting together the texts from those scholars who had gathered at Serre for the presentation of Vettor Pisani's Virgina Art Theatrum (Museo della Catastrofe) and then followed its developments. To these were added a text recently published in France and, on the express wishes of the artist, some notes I developed on the request of Sergio Risaliti, who wanted to document the project of Vettor Pisani in the magazine of the recently inaugurated Palazzo delle Papesse in Siena.

The exercise of writing has forced me to test out my reflections on the extraordinary experience of making this theater in which I participated and in which converge previous experiences shared with Vettor and Mimma Pisani in other moments of our lives and in other places such as New York or at Casa Solitaria in Capri, close to the Villa Malaparte that is much discussed in this book.

Inviting the readers to follow two personalities, ideal visitors and initiates of the unique Museum of Catastrophe that appear on pages in color, I would like to thank those who believed in the dream, in the project of Vettor Pisani and the various means utilized for its realization: Mimma Pisani, Giovanni and Pina Pugliese, Serafino and Sandra Maiorano, Gustavo and Vittoria Commodari, the mayor of Rapolano Terme Alvaro Forzoni, the Commissioner of Culture Giulio Pini, Mario Pieroni and Dora Stiefelmeier who direct the Centro Civico per l'Arte Contemporanea La Grancia, Ida Gianelli the director of the Castello di Rivoli Museo d'arte contemporanea, Antonio De Martinis, Flavio and Maria Pia Civitelli. Enzo and Cinzia Giganti, Stelio Benedetti, Anna Rosa and Giovanni Cotroneo, Gemma De Angelis Testa, Stefano and Anna Ughi, Laura Meucci, Giuseppe Russo, Marianna Neri and all the Serrigians who watched on with curiousity and good humour as the museum took its form in their backyard.

In following the project of the Virgina Art Theatrum and the preparation of this book I have often had to be away from home. I have been able to do this because my husband Tommaso, my children Nicola and Alice and my mother Desdemona Palmizio Carusi know how important art is in the overall context of my life. I cannot be but grateful to my dear ones for all their affectionate support.

Lastly, though I should have cited him first, I thank Vettor Pisani for allowing me to participate in his extraordinary project.

Giuliana Setari

Progetto grafico/Design
Alessandro Bellucci
e Marco Michelini

Coordinamento grafico
Graphical coordination
Gabriele Nason

Coordinamento redazionale
Editorial coordination
Emanuela Belloni

Redazione/Editing
Elena Carotti
Debbie Bibo

Traduzione/Translation
Nigel Ryan
Gila Walker

Ufficio stampa/Press office
Silvia Palombi Arte & Mostre,
Milano

Realizzazione tecnica/Production
Amilcare Pizzi Arti grafiche,
Cinisello Balsamo

Attori/Actors
Gaia Riposati
Dino Spinella
Paola Lombardi

Referenze fotografiche
Photographic Credits
Bruno Bruchi, Siena
Marco Fedele di Catrano, Roma
Mimma Pisani, Roma
Emilia Vitale, Roma

Ci scusiamo se per cause
indipendenti dalla nostra volontà
abbiamo omesso alcune referenze
fotografiche.
We apologize if, due to reasons
wholly beyond our control, some
of the photo sources have not
been listed.

Edizioni Charta
Via della Moscova, 27
20121 Milano
Tel. +39-026598098/026598200
Fax +39-026598577
e-mail: edcharta@tin.it
www.artecontemporanea.com/charta

Printed in Italy

Sommario / Contents

Il Virginia Art Theatrum
(Museo della Catastrofe)
di Vettor Pisani
a Serre di Rapolano

Non lontano dal centro abitato di Serre di Rapolano, in provincia di Siena, nell'area delle cave di travertino che costituiscono assieme alle sorgive acque termali una delle risorse locali, Vettor Pisani ha "riconosciuto" in una cava dismessa, abbandonata da tempo, il luogo segreto e ideale del suo immaginario artistico. "Sono stato attratto dalla particolare natura delle cave di travertino di Serre di Rapolano che incarnano un insieme di riflessioni sulle quali vado da anni 'investigando' costruzioni architettoniche di alta valenza simbolica quali le piramidi". Così Vettor Pisani descrive le motivazioni del suo "riconoscimento", a partire dal quale allestisce il suo Virginia Art Theatrum (Museo della Catastrofe) nella casa triangolare in bilico sull'abisso della cava: tagli verticali delle bancate, spalti da cui svettano inspiegabili cipressi, e pozze d'acqua affioranti sul fondo ne costituiscono i tratti drammatici.

Opera totale, delicata perché vivente: teatro della Vergine, teatro di varietà dove su una scena mutevole e mutante gli avvenimenti si susseguono incessantemente, teatro di artisti e di animali, Eden domestico miniaturizzato popolato di gatti e di Sfingi. Museo della Catastrofe è nella natura stravolta dall'opera dell'uomo, che la rende discarica di materiali e detriti, come l'inconscio di un essere vivente che si ammala se sovraccaricato dai depositi del vissuto.

Le cave, che sono nate dall'interesse economico dell'uomo all'estrazione e quindi forte di lavoro, sono anche luoghi della dimensione onirica e della memoria che esistono come luoghi dell'arte, per esempio nella pittura di Max Ernst, dove in luoghi irreali e fantastici di solitudine e segretezza, di rocce e di fiori, la psiche può vagare prefigurando un mondo non reale quanto quello in cui viviamo, ma di utopia per un'esistenza interiore altrettanto necessa-

Vettor Pisani's Virginia Art Theatrum (*Museo della Catastrofe*) at Serre di Rapolano

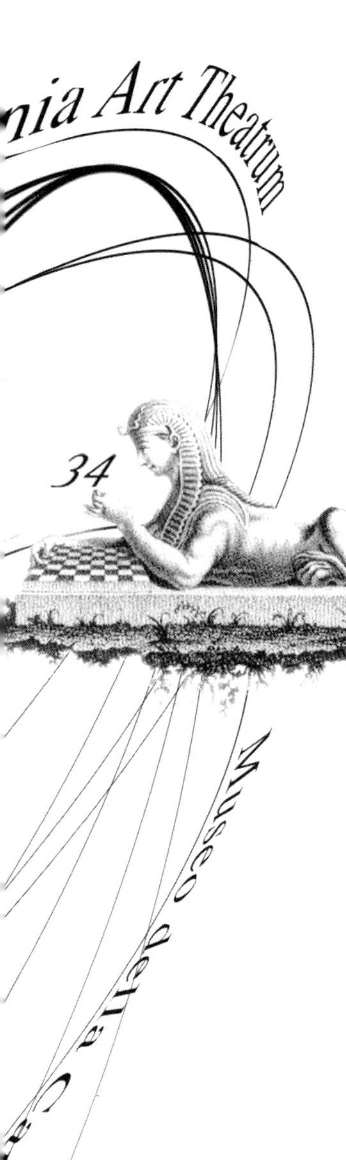

Not far from the inhabited center of Serre di Rapolano, in the Province of Siena, in the area of the travertine quarries that constitutes together with the thermal springs one of the local resources, Vettor Pisani has "recognized", in a disused quarry abandoned long ago, the secret and ideal place for his artistic imagination. "I was attracted by the particular nature of the travertine quarries at Serre di Rapolano that incarnate a set of reflections that I have been investigating for years: architectonic constructions of high symbolic value such as the pyramids".

Thus Vettor Pisani describes the motive for his "recognition", beginning from his Virginia Art Theatrum (Museo della Catastrofe) in the triangular house balancing at the bottom of the quarry: the vertical cuts of the banks, glacis from which unexplainable cypresses shoot out, and pools of water surfacing on the bottom constitute the dramatic features.

A total work which is delicate because it is alive: theater of the Virgin, a variety theater where the events occur continuously on a changeable and changing scene, theater of artists and animals, a domestic Eden miniaturized and populated by cats and Sphinxes. Museum of Catastrophe is in nature distorted by the work of man that yields a dump of materials and debris, like the unconscious of a living being that becomes ill if overloaded by deposits of the lived.

The quarries, whose extractions arose from an economic interest and therefore as a source of work, are also places of the oneiric dimension and of the memory that exist as places of art, for example in the painting of Marx Ernst, where in unreal and imaginary places of solitude and secrecy, of rocks and flowers, the psyche can wander prefiguring a world not as real as that in which we live, but a utopia

ria all'uomo, quanto la dimensione quotidiana del vivere.

In Toscana, che è per eccellenza luogo di un paesaggio crepuscolare, che tende al sublime, al poetico e al nostalgico con le sue colline dolci, con i vigneti, gli ulivi, le querce, la ricca vegetazione mediterranea e le cave è possibile scoprire che cosa si nasconde sotto l'abito costituito dallo strato superficiale della vegetazione; si può osservare la stratificazione geologica delle rocce sotto la crosta terrestre e scoprire attraverso l'anatomia di un paesaggio che non si conosce, perché sempre coperto dalla vegetazione, quanto forte e solido sia il pianeta sul quale viviamo.

Sulla cava "riconosciuta" da Vettor Pisani, una mappa di simboli svelati e assemblati rende la dimora dell'artista un possibile luogo iniziatico dei Rosacroce, probabilmente, intendendo i Rosacroce in senso non filosofico, ma artistico. Dimora dove si depositano idee-opere, idee-chiave di artisti europei recenti che hanno frequentato questa filosofia esoterica: pensiamo alla teosofia di Mondrian, al rosacrocianesimo di Kline, all'Eurasia di Beuys, alla massoneria di Duchamp. L'insieme di queste idee-opere formano un luogo esoterico – labirinto iniziatico – che a Serre, questo luogo della Toscana, si esprime attraverso la costruzione di un luogo contemporaneo di arte totale dei nostri tempi, casa filosofica della verginità o della catastrofe dalla forma originale di pianoforte a coda oscillante sull'abisso.

Questa casa della Vergine o dell'oscillazione contiene, oltre ai frammenti di travertino o di pietra filosofale, anche frammenti delle opere di quegli artisti esoterici. Pensiamo anche a scultori e architetti, alla casa filosofica di Wittengstein per la sorella Margherita, o al teatro filosofico di Steiner dedicato a Goethe, o al castello immaginario del principe Ludwig figurato da Grazia Toderi, o alla casa non ancora riconosciuta come filosofica di Curzio Malaparte a Capri.

Pensiamo anche al disegno rebus del coniglio-papera di Wittengstein, e all'universo dei mostri dell'immaginario della nostra tradizione culturale che dalla Sfinge all'avvoltoio nel manto della Vergine di Leonardo, riconosciuto da Freud nel suo famoso saggio dal titolo Un ricordo d'infanzia di Leonardo da Vinci, attraverso le opere di Arcimboldo, ci conducono ai contemporanei ibridi di Thomas Grunfeld e ai nuovi animali chimerici la cui creazione artificiale e diffu-

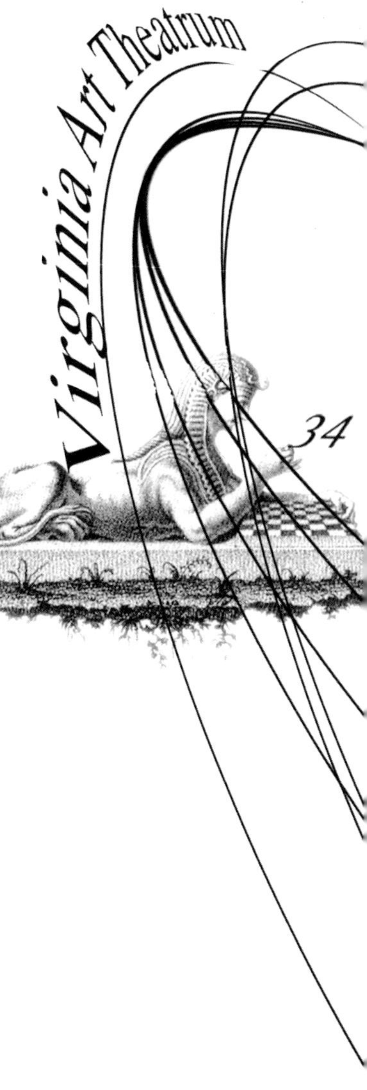

for an interior existence just as necessary to man as the daily dimension of living.

In Tuscany, the place of twilight landscape par excellence, tending towards the sublime, to the poetic and the nostalgic with its gentle hills, grapes, oaks, rich Mediterranean vegetation and quarries, it is possible to discover what is hidden beneath the dress constituted by the superficial layer of the vegetation; one can observe the geological stratification of the rocks under the terrestrial crust and discover, through the anatomy of a landscape that is unknown because it is always covered with vegetation, just how strong and solid the planet on which we live is.

In the quarry "recognized" by Vettor Pisani, a map of revealed and assembled symbols render the dwelling of the artist a possible initiatory place probably for the Rosicrucian (Rosicrucian in the artistic rather than philosophical sense). Dwelling where idea-works, key-ideas of recent European artists who have adhered to this esoteric philosophy are deposited: for example the theosophy of Mondrian, the Rosacrucian of Kline, the Eurasia of Beuys, the Freemasonry of Duchamp. The set of these idea-works form an esoteric place – initiatory labyrinth – that at Serre, this place in Tuscany, expresses itself through the construction of a completely artistic and contemporary place of our times, philosophical home of the virginity, or of the catastrophe from the original form of the grand piano oscillating above the abyss.

This house of the Virgin or of oscillation contains, in addition to the fragments of travertine and of philosopher's stone, also fragments of the works of those esoteric artists such as: sculptors and architects, the philosophical house that Wittgenstein designed for his sister Margherita, or the philosophical theater Steiner dedicated to Goethe, or the imaginary castle of prince Ludwig illustrated by Grazia Toderi, or the house, not yet recognized as philosophical by Curzio Malaparte in Capri.

We are also reminded of the rebus drawing of the duck-hare by Wittengstein, and the universe of imaginary monsters belonging to our traditional culture from the Sphinx to the vulture in the cloak of the Virgin by Leonardo recognized by Freud in his famous essay entitled *Leonardo da Vinci a Memory of His Childhood*, through the work of

sione potrebbe significare secondo Jeremy Rifkin la fine del "mondo naturale" e la sua sostituzione con un mondo "bioindustriale" in cui governa quell'ingegneria genetica che estende i poteri dell'umanità sopra le forze della natura e che era aspirazione originaria della cultura europea.

Nel passaggio dalla metafora dell'alchimia a quella dell'algenia che vuole dare definizione e scopo all'era della biotecnologia per migliorare il già esistente e progettare nuovi organismi con prestazioni migliori, vale la pena ricordare che sin dall'inizio della filosofia e della scienza, già al sogno utopico di Platone di realizzare la repubblica perfetta attraverso l'eugenetica, è associata l'idea della catastrofe che storicamente ne conseguì e si riprodusse con tragici esiti nei successivi tentativi di controllare riproduzione animale e umana: così nel progetto del nazismo hitleriano in Germania.

In quest'angolo del mondo destinato, secondo Giorgio Verzotti, a trasformarsi in Opera, quest'ultima muta per innesti, impianti e trapianti eseguiti al computer alla velocità del mouse, sovrapponendo alla frammentazione iniziata da Iside e Osiride quella di un DNA originario ri-combinato in cellule nuove con lavorio di laboratorio che include gioco, follia e ironia, per generare visioni orride e potenti visioni salvifiche che fanno impallidire le creazioni della più fervida fantasia degli effetti speciali della fiction. Nell'utero-opera della Vergine nella sala centrale, una pompa idraulica immette oggi il liquido amniotico sottratto all'acqua sorgiva del fondocava e filtrato per successivi passaggi nella fontana e nella camera stagna all'esterno. Il respiro del motore infonde col suo alito la vita nell'opera e la fa arte: plausibile monumento del nostro tempo offerto al giudizio dei posteri.

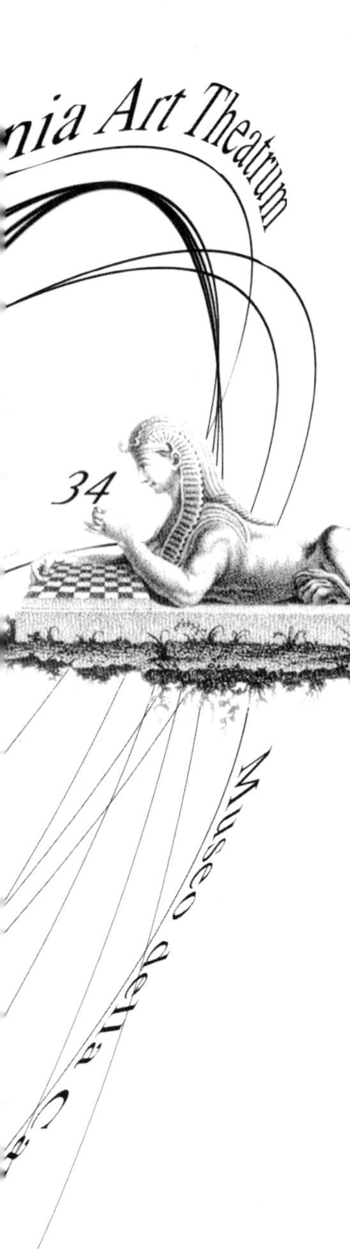

Arcimboldo, we are led to the contemporary hybrids of Thomas Grunfeld and to the new chimeric animals, the artificial creation and diffusion of which according to Jeremy Rifkin could mean the end of the "natural world" and its substitution with a "bio-industrial" world. A world governed by genetic engineering that extends the power of humanity over the forces of nature which were the original aspirations of European culture.

In the passage of the alchemic metaphor to that of the algeny that wants to give definition and objective to the era of bio-technology to improve the already existing and to design new organisms with better performance, it is worthwhile remembering that from the beginnings of philosophy and science, the utopian dream of Plato to realize a perfect republic by way of eugenics is associated with the idea of catastrophe that it historically follows and reproduces itself with tragic results in the successive attempts to control human and animal reproduction: such as the Nazi project of Hitler's Germany.

In this corner of the world, which according to Giorgio Verzotti is destined to transform itself in an Œuvre, this latest change of grafts, implants and transplants undertaken with the speed of a computer mouse, superimposes the fragmentation began by Isis and Osis, that of an original DNA recombined into new cells with intense laboratory work that includes play, folly and irony, to generate horrid and powerful visions except that they make the most fervid fantasies of the special effects of fiction turn pale. In the uterus-work of the Virgin in the central room, a hydraulic pump emits amniotic fluid taken from the spring at the bottom of the quarry and filtered into the fountain and in the pool room outside. The respiration of the motor infuses life into the work, and with its breath makes art of it: a plausible monument of our time that will be judged by posterity.

Andata e ritorno

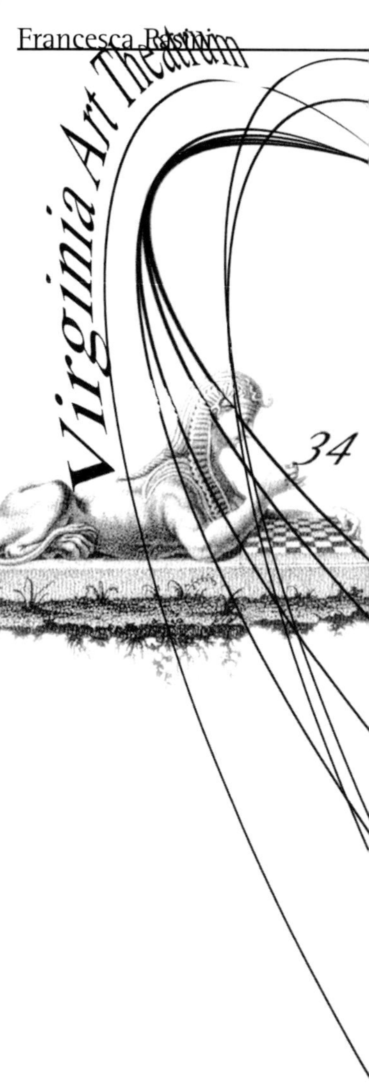

Rileggendo la trascrizione di quanto avevo detto l'1 novembre 1997 a Serre, ho capito che mi piaceva riportare quelle parole e aggiungerne altre che mi sono venute in mente dopo, come in un viaggio di andata e ritorno. Da un lato voglio ricordare fedelmente quello che ho provato allora, e dall'altro dare un'interpretazione di quello che ho pensato in questi mesi, sia rispetto al lavoro di Vettor sia rispetto a quello che ho percepito a distanza.

Andata

Nel momento in cui sono stata invitata a parlare di questo lavoro di Vettor, la prima cosa che ho pensato era che volevo essere disponibile a quello che avrei visto, senza fissare uno schema preventivo. Così qualche giorno fa gli ho telefonato e gli ho detto che non volevo prepararmi un testo, ma descrivere con la maggior spontaneità possibile quello che vedevo. Anche per seguire, o meglio, inseguire le suggestioni alchemiche che Pisani dissemina nel suo lavoro e farmi trasportare. Io non ho un'approfondita conoscenza delle culture esoteriche (e uso volutamente il plurale perché si tratta di un sapere articolato), ma sono convinta che nelle nostre allenate percezioni del mondo, così come è stato tramandato dalla cultura occidentale, abbiamo allontanato altre forme di relazione con la conoscenza, che in questi ultimi anni stanno tornando all'esame di molte persone.

Insieme a questa coincidenza che avevo "progettato" tra me e la sua opera, ve ne è poi un'altra che si esprime attraverso una deviazione che mi lega a Serre, dove per vari motivi non sono mai riuscita a venire prima di questo appuntamento. E la "coincidenza progettata" – avevo preso appuntamento con Vettor per vedere con lui la casa e i lavori questa mattina – ha di nuovo preso il tono della deviazione. Questa mattina Vettor era impegnato nelle ultime definizioni e così ho visitato questo luogo da sola. Mi sono ritrovata ad avviare

A Return Trip

Reading over the transcription of what I said on the first of November 1997 at Serre, I understood that I would like to use those words again and add to them others that have come to mind later, like a return trip. On the one hand I want to faithfully record what I felt then, and on the other hand to give an interpretation of what I have been thinking about in these months, both with respect to the work of Vettor and with respect to what I have perceived from a distance.

Going

When I was invited to speak on this work of Vettor, the first thing I thought was that I wanted to be open, without preconceptions to what I was going to see. So a few days ago I telephoned him and told him that I did not want to prepare a text, but to describe what I saw in the most spontaneous way possible. I also wanted to follow, or rather, pursue the alchemic suggestions that Pisani disseminates in his work and let myself be lead by it. I am no expert of esoteric cultures (I willingly use the plural because it is a multifaceted discipline), but I am certain that in our alienated perception of the world, like that which has been handed down to us by western culture, we have moved away from different forms of knowledge, which in recent years many people have rediscovered.

In addition to this coincidence that I had "planned" between me and his work, there is another that is expressed through a deviation that ties me to Serre, where for various reasons I had never visited prior to this occasion. And the "planned accident" – I had made an appointment with Vettor to see the house and the works with him this morning – has taken a new twist. This morning Vettor was busy finalizing things and so I had to visit this place alone. I found myself starting a dialogue between two subjects, where I was one and the other Vettor's work. It is a form of relationship that I

un dialogo tra due soggetti, dove uno ero io e l'altro l'opera di Vettor. È una forma di relazione che sto sperimentando da tempo e che mi fa dire che la comprensione di un'opera è fortemente legata a chi la guarda, proprio perché essa stessa è un soggetto e in quanto tale avvia dialoghi sempre diversi conformemente a chi si trova davanti. Secondo me questa è la ragione della perpetua contemporaneità dell'arte: in qualunque epoca sia stata fatta continua a parlare a tutti.

Venendo qui sapevo che mi sarei trovata di fronte a un'opera che tendeva a raccogliere dei sedimenti di storia: di quella individuale dell'artista e di quella del territorio. Pur non avendolo mai visto, avevo avuto molti racconti da Giuliana Setari e da altri. Inoltre l'idea di questa cava, assorbita da Pisani, mi faceva pensare a una specie di miniera dell'arte, dove si continua a scavare.

Come avrei tenuto insieme queste suggestioni con la coincidenza che avevo "progettato" tra le mie percezioni e quelle che qui avrei colto? Mi è tornato in mente la prima volta che ho sentito pronunciare il nome di Pisani: Véttor; mentre per me che sono veneziana si dice Vettòr. E allora, oggi mi domando cosa leggo in questo nome e cognome così tipico di Venezia (la genealogia dei Pisani ha lasciato traccia in molti palazzi sia in laguna che in terra ferma, tra cui la famosissima Villa Pisani di Strà sulle rive del fiume Brenta)? Vettor è nato a Ischia, un'isola che appare spesso nelle sue opere, però a Serre trovo una sincronia tra il suo nome e altre isole, quelle di Venezia. Ecco che un'altra immagine mi spinge a questa relazione, ed è proprio quella della casa. Qui siamo in una casa, il nome dei Pisani è rimasto impresso nelle case veneziane, i lavori stessi di Vettor li associo spesso alle case di Giuliana Setari, o a quelle di Mario Pieroni e Dora Stiefelmeyer. A Venezia le case sono sempre una doppia soglia tra la terra e l'acqua.

Questa mattina appena sono arrivata qui la prima cosa che ho visto è stato il battito cardiaco dell'acqua che va e viene dentro questa macchia. Al primo momento sembrava del ghiaccio sul punto di rapprendersi, poi ho riconosciuto l'"alchimia quotidiana" del detersivo e l'ironia che accompagna la ricerca di Pisani.

Un altro tipo di soglia, tra prospettiva ortogonale e obliqua accompagna la struttura stessa di questa casa, per cui

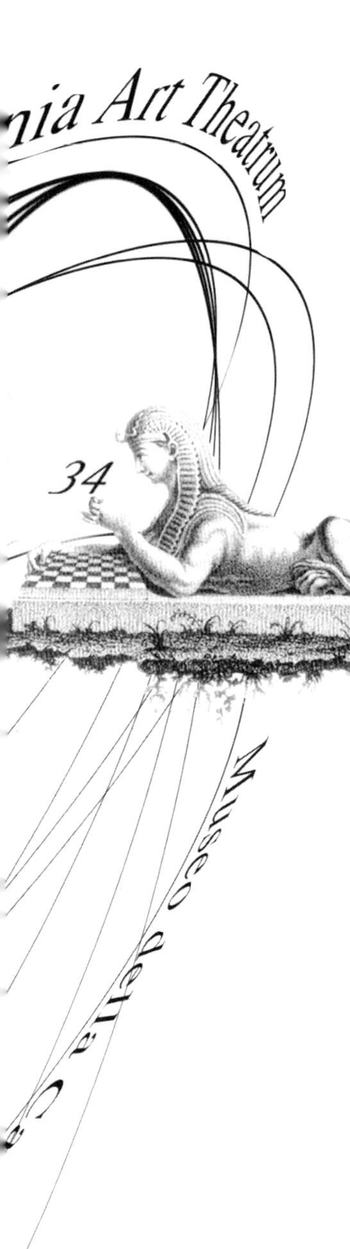

have been experimenting with for some time and that leads me say to that the understanding of a work is strongly tied to who is observing it because the work itself is a subject, and as such starts dialogues which differ everytime depending on who is in front of it. In my opinion this is the reason of the perpetual contemporaneity of art: in whatever epoch it was made it continues to talk to everybody.

Coming here I knew that I would have found myself in front of a work of art that tends to gather some sediments of history: the individual history of the artist and that of the area. Even if I had never seen it, I had been told many tales by Giuliana Setari and others. Moreover the idea of this quarry, absorbed by Pisani, made me think of a sort of art mine where one continues to excavate.

How would I hold together these ideas with the coincidence that I had "planned" between my perceptions and those that I would gather here? I recalled the first time that I had heard Pisani's name pronounced: Véttor; whereas I, a Venetian would say Vettòr. And so today I ask myself: What do I read in this name and surname so typically Venetian (the genealogy of the Pisanis have left traces in many palaces on the lagoon and on the main land, among which is the very famous Villa Pisani di Strà on the banks of the river Brenta)? Vettor was born in Ischia, an island that often appears in his work, but in Serre I found a link between his name and other islands, those of Venice. Here then is that other image that leads me to this relation which is that of the house. Here we are in a house and the name of the Pisanis has remained imprinted on the Venetian houses. I often associate the works of Vettor with the house of Giuliana Setari, or those of Mario Pieroni and Dora Stiefelmeyer. In Venice, houses are always a double threshold between earth and water.

The first thing I saw just after I arrived here this morning was the heart beat of the water which comes and goes inside this stain. At first, it seemed like it was about to turn into ice, then I recognized the "everyday alchemy" of detergent and the irony that accompanies Pisani's work.

There is another type of threshold between the orthogonal and oblique perspective which accompanies the structure of this house. Thus, on the one hand the trapezoidal plan

da un lato la pianta trapezoidale evoca il profilo di un pianoforte (un'immagine ricorrente nell'opera di Pisani) e dall'altro ogni volta che ci sposta dalla parete di accesso si scopre che non siamo di fronte a una visione ortogonale, ma diagonale. È una specie di illusione ottica che si sovrappone con il nostro movimento e crea quindi una figura della mobilità interna all'idea stessa dell'architettura. Una condizione preesistente, ma che risulta esplicita attraverso le aperture e le chiusure che Vettor ha operato. E in questo leggo un'assonanza con la ricerca di rendere sensibili le coincidenze che si aprono e chiudono dentro la densità dei riferimenti culturali. C'è anche, come ha detto Giorgio Verzotti, l'immagine di una dichiarata assenza di centralità che va di pari passo con la frammentarietà del soggetto che contraddistingue il momento attuale.

Se questa casa non fosse stata vista da Vettor in questo modo, se non l'avesse riconosciuta come un'ulteriore coincidenza della semicroce, avremmo percepito ugualmente il legame tra la sedimentazione naturale esterna e quella che si addensa nelle figure, nei simboli, nei linguaggi? Forse sì. Ma, nel momento in cui ci troviamo a vivere dentro questo riferimento visivo che ha preso forma (la casa e le sue opere), possiamo cogliere nella catastrofe naturale, determinata dall'erosione delle cave, un tratto di enigma che ci riporta non alla morte della natura, ma al suo impensato rigenerarsi. Infatti tra le pietre ricompare una vegetazione che si insinua nel disegno dello sfruttamento umano con un proprio autonomo segno e da queste finestre appare una visionaria parentela con alcuni paesaggi di Böcklin. Allora ecco che la sedimentazione esterna entra in dialettica con quella interna di ognuno. E ognuno la può riconoscere perché attraverso la sintesi creatrice dell'arte è stimolato a prendere coscienza delle proprie necessità espressive.

Dall'interno tutte le finestre guidano a una composizione, direi, a un vero e proprio quadro. E perfino questi cumuli di sassi perdono il senso di abbandono e diventano schegge di un magma terrestre che per un attimo si affaccia al nostro abitare. La soglia tra interno e esterno si rovescia e si moltiplica in una miriade di significati che posso distinguere proprio perché mi trovo "dentro" l'occhio quotidiano dell'artista, almeno così si potrebbe affermare dato che

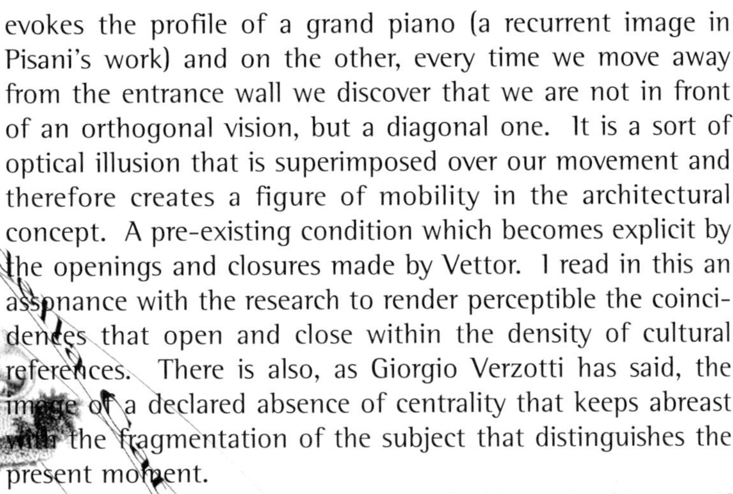

evokes the profile of a grand piano (a recurrent image in Pisani's work) and on the other, every time we move away from the entrance wall we discover that we are not in front of an orthogonal vision, but a diagonal one. It is a sort of optical illusion that is superimposed over our movement and therefore creates a figure of mobility in the architectural concept. A pre-existing condition which becomes explicit by the openings and closures made by Vettor. I read in this an assonance with the research to render perceptible the coincidences that open and close within the density of cultural references. There is also, as Giorgio Verzotti has said, the image of a declared absence of centrality that keeps abreast with the fragmentation of the subject that distinguishes the present moment.

If this house had not been seen by Vettor in this way, if he had not recognized it as an ulterior coincidence of the semi-cross, would we have equally perceived the link between the external natural sedimentation and that which is found in the figures, symbols and languages? Perhaps. But in the moment in which we find ourselves living inside these visual references that have taken form (the house and his works), we can grasp in the natural catastrophe, determined by the erosion of the quarries, a tract of enigma that carries us not to the death of nature, but to its unexpected regeneration. In fact, between the stones there appears a vegetation that slips into the design of human exploitation with its own autonomous sign and from these windows one can see a visionary relationship with some of Böcklin's landscapes. It is here then that the external sedimentation enters into dialogue with that inside everyone. Everyone can recognize it because art's creative synthesis stimulates one to become aware of his own expressive necessities.

Looking out the windows gives one the effect of a composition, I would say, of an actual painting. Even these mounds of stones lose the sense of abandonment and become splinters of a terrestrial magma that for a moment faces onto our dwelling. The threshold between inside and outside is reversed and multiplied in a myriad of meanings that I can distinguish because I find myself "inside" the everyday eye of the artist, at least thus one could affirm given that looking inside and out we find not only his works

guardando dentro e fuori troviamo non solo le sue opere, ma anche il suo modo di organizzare la riflessione visiva e speculativa dell'esterno. È una situazione molto particolare, perché non si tratta di una mostra, ma di una creazione permanente destinata a modificarsi in base alla vita quotidiana delle persone che qui verranno, dormiranno, mangeranno, discuteranno. Insomma è un po' come entrare a far parte attiva di uno speciale quadro tridimensionale, o forse sarebbe più esatto parlare di quattro dimensioni, visto che il tempo dell'opera, dell'artista e dei visitatori è essenziale alla percezione. Appare così la soglia mobile dell'abitare e del vedere e il suo costante intreccio con l'arte.

Prima si parlava di Hermes: e mi è venuta in mente un'associazione che forse può entrare in quelle sincronicità a cui Vettor presta attenzione. Uno degli attributi di Hermes era appunto la mobilità, e il luogo prediletto da questo dio era appunto la soglia. Protettore dei ladri, ma anche delle case e della continua trasformazione che in esse si attua, veniva rappresentato in coppia con Hestia. Un'unione atipica: lei aveva avuto in dono da Zeus il potere di regnare al centro della casa, anche senza sposarsi. Una vergine dunque che da tempi lontani ritrovo in questa coincidenza di citazioni e che mi riporta in modo obliquo alla "teoria della vergine" di Pisani. Questa coppia anomala era un'eccezione non da poco, visto che il regno domestico lo si poteva ricevere solo dal marito. Hestia invece è legata ad Hermes da un sentimento speciale, la philìa, che in greco significa vicinanza intensa, amorosa agli altri o al pensiero, tant'è che il suffisso "filo" forma parole come filo-sofia (amore della conoscenza). Hermes e Hestia sono dunque vicini, eppure opposti. Lui è il dio dell'immobilità che protegge le case dalla soglia, Lei è la dea della stabilità che attorno al centro del focolare fa crescere la casa. È una divinità molto antica ma le notizie su di lei sono scarse. Però è certo che facesse parte del corredo di coppie divine che adornavano il piedestallo della statua di Zeus a Olimpia eseguita da Fidia. "Entrambi – dice Pindaro nell'Inno ad Afrodite – abitate nelle belle dimore degli uomini che vivono sulla superficie della terra con sentimenti d'amicizia". Forse possiamo leggere in Hestia un legame tra maschile e femminile che non risponde ancora alla logica androcentrica, né alla dualità

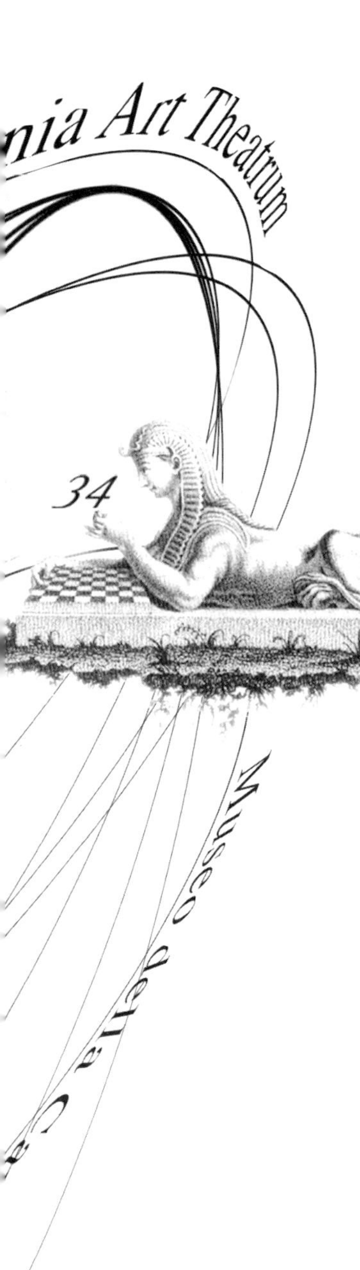

but also his way of organizing the visual and speculative from the exterior. It is a very special situation, because it is not an exhibition, but a permanent creation destined to be modified on the basis of the daily life of the persons that will come, sleep, eat and discuss here. In short, it is a little like entering and taking active part in a special three-dimensional picture, or perhaps it would be more accurate to speak of four dimensions, given that the time of the work, of the artist and visitors is essential for perception. This is the way in which the mobile threshold of the dwelling and of sight and its constant interweaving with art appear.

Earlier we spoke of Hermes: it brought to mind an association that perhaps can have something to do with those synchronicities to which Vettor is attentive. One of the attributes of Hermes was in fact mobility, and the preferred place of this god was the threshold. Protector of thieves, but also of houses and of the continual transformation that occurs in them, he was represented coupled with Hestia. An atypical union: from Zeus she had received as a gift the power to reign at the center of the house, even without marrying. A virgin therefore who from distant times I have discovered in this coincidence of citations and that brought me in a roundabout way to Pisani's "theory of the virgin". This anomalous couple was no small exception, given that the domestic reign could only be received from the husband. Hestia instead is tied to Hermes by a special feeling, the philìa, which in Greek means intense closeness, amorous towards others or to thought, the prefix "philo" forms words like philo-sophy (love of knowledge). Hermes and Hestia are therefore close, even if opposites. He is the god of immobility who protects houses from the threshold. She is the god of stability who around the center of the hearth enables growth in the house. She is an ancient divinity but information on her is scarce. However, it is certain that she was part of the set of divine couples that adorned the pedestal of the statue of Zeus, by Phydia, at Olympia. "You both – Pindar says in his Hymn to Aphrodite – live in the beautiful home of men who live on earth with feelings of friendship". Perhaps we can read in Hestia a bond between the masculine and the feminine that does not yet respond to the androcentric logic, nor in the opposing duality of male-

oppositiva uomo-donna, mente-corpo, soggetto-oggetto. Le differenze potevano vivere una vicina all'altra pur mantenendo la propria irrinunciabile prerogativa, di stabilità per l'una e di immobilità per l'altro.

La vicenda di una possibile coesistenza tra gli esseri e le culture, al di fuori dell'ordine fallocentrico, è stata messa in luce dall'antropologa Marija Gjmbutas e da Riane Eisler proprio analizzando alcune figure dell'arte dell'Europa Antica. La ricerca delle tracce di un sistema di partnership più orizzontale e meno gerarchico sono utili non solo per quanto riguarda la relazione tra i sessi, ma anche tra i saperi. È un cammino lungo, che però in questi ultimi anni sta affiorando in molti studiosi di varie discipline.

Forse mi direte che sono suggestionata da questa lettura della nostra origine, ma anche Pisani con il suo dialogo tra esterno e interno, tra razionalità e sincronie alchemiche, propone un modello di partecipazione che disorienta le gerarchie tradizionali, anche dell'arte. Girando tra le stanze di questa casa voluta e pensata da Vettor mi trovo infatti continuamente a contatto con la staticità apparente della catastrofe esterna e con la densità di visioni che lui immette in ogni sua immagine. Mi suggerisce innumerevoli correlazioni, ma soprattutto mi "obbliga" a pensare che le letture sono sempre molteplici, che non mi posso "accontentare" di quello che lui mi fa vedere, ma devo cercare di cogliere anche dentro di me questa situazione di mobilità, che però non significa indistinta alternanza degli eventi, ma semplicemente guardarli in modo meno frontale.

Per guardare l'arte occorre determinazione e operare una scelta, ma il bello è che una volta fatta le cose non diventano statiche, anzi ci indicano una trasformazione o, per parafrasare Pisani, una trasmutazione della materia, una ricerca dell'oro come nell'opera alchemica. Così, seguendo le sue figure, riconosco l'immagine della semicroce che si è formata dallo scavo del travertino e contemporaneamente vedo una sedimentazione di segni culturali e artistici che va oltre le immagini auree dell'arte, come se in questo piccolo paese della Toscana (il territorio simbolo del Rinascimento) si fosse condensata un'energia creatrice diffusa, anche se anonima, che con percorsi misteriosi si è amalgamata al magma terrestre e a quello emotivo degli esseri viventi.

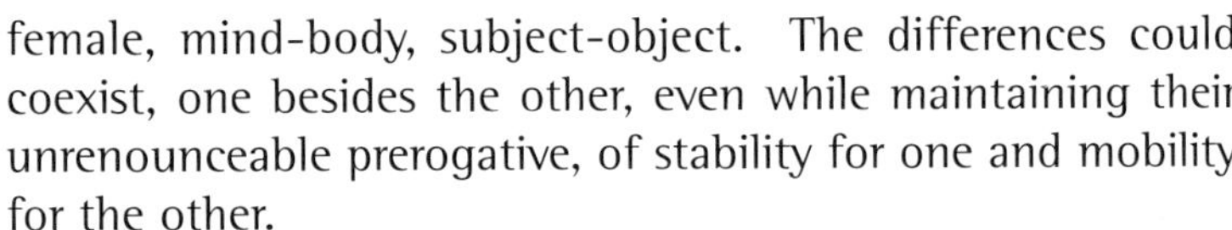

female, mind-body, subject-object. The differences could coexist, one besides the other, even while maintaining their unrenounceable prerogative, of stability for one and mobility for the other.

The event of a possible coexistence between beings and cultures, outside of the phallocentric order, has been evidenced by the anthropologist Marija Gjmbutas and by Riane Eisler by analyzing some of the figures of ancient European art. The research for traces of a system of partnership that is more horizontal and less hierarchical is useful not only for the rapport between the sexes, but also between knowledge. It is a long path but in recent years many scholars of various disciplines have been giving it a closer look.

Perhaps you would say that I am influenced by this reading of our origins, but also Pisani with his dialogue between inside and outside, between rationality and alchemic synchrony, proposes a model of participation that disorients the traditional hierarchies, also of art. Touring around the rooms of this house imagined and created by Vettor, I find myself continually in contact with the apparent stasis of the catastrophe outside and with the density of visions that he introduces into each of his images. They suggest to me innumerable correlations, but above all I am "obliged" to think that the readings are always multiple, that I cannot "be satisfied" with what he shows me, but I must try to grasp within me this situation of mobility, which does not mean an indistinct alternation of events, but simply looking at them in a less frontal manner.

To look at art requires a determination and a choice, but the beauty of it is that once this has been done things do not become static, instead they indicate a transformation or, to paraphrase Pisani, a transmutation of matter, a search for gold like in alchemy. Thus, following his figures, I recognize the image of the semi-cross that has been formed by the excavation of the travertine and contemporaneously I see a sedimentation of cultural and artistic signs that go beyond the golden images of art, as if in this small village in Tuscany (the symbolic land of the Renaissance) a diffuse creative energy had been condensed, even if anonymous, and mysteriously amalgamated itself in the terrestrial magma and in the emotions of living beings.

Ritorno

La casa di Serre è diventata nella mia mente una prova vissuta del costante aumento di partecipazione agli eventi artistici degli ultimi anni. Ma a Serre c'è qualcosa in più, come se questa partecipazione fosse diventata una realtà naturale. Eppure l'informazione sembra non accorgersene: parla solo di ciò che fa sensazione, di polemiche artificiose o di rassegne storiche purché siano ritenute "facili", ma non tenta mai di decifrare cosa spinge tanti giovani e meno giovani a partecipare. Non conta.

Ogni volta che ci penso rimango attonita, perché in questo fenomeno io leggo invece un cambiamento molto radicale, che potrebbe anticipare una rivoluzione delle coscienze non prevista. Prima di tutto dimostra una crescita culturale reale, che va in controtendenza con il calo di attenzione rispetto a una produzione culturale non inserita nel conformismo attuale. E poi, se veramente ognuno cominciasse a privilegiare l'esperienza creatrice rispetto ad altre forme di interazione con gli altri e col mondo, sarebbe una svolta epocale. Tutti ricordiamo quando Beuys diceva che "ogni uomo è un artista", che "l'arte è il capitale" che modifica i rapporti di potere. Erano tempi in cui la democrazia aveva una partecipazione alta e anche i contrasti più duri facevano parte di progetti ideali. Oggi non è più così; il numero di votanti, anche in Italia, sta calando di elezione in elezione, eppure il voto è il primo atto di partecipazione democratica. Non penso che le persone siano tutte passive, disinteressate, ma che si trovino a disagio di fronte a questa assenza di tensioni ideali. Non sono diventati tutti cinici, c'è secondo me uno scollamento tra le esigenze reali di approfondimento culturale (proprio perché le grandi utopie ci hanno lasciati soli) e le necessità di gestire una transizione attuata secondo vecchi modelli.

Tutti inneggiano a Internet, alle nuove tecnologie, ma contemporaneamente ritengono che questa rivoluzione comunicativa non influisca sulla volontà di sapere dei singoli.

L'arte ci sta indicando l'esatto contrario. Mi vien da dire che quello che Beuys aveva annunciato, oggi si sta attuando, e la cosa appassionante è che coinvolge non solo gli addetti ai lavori, ma le persone normali, che magari non sono artisti

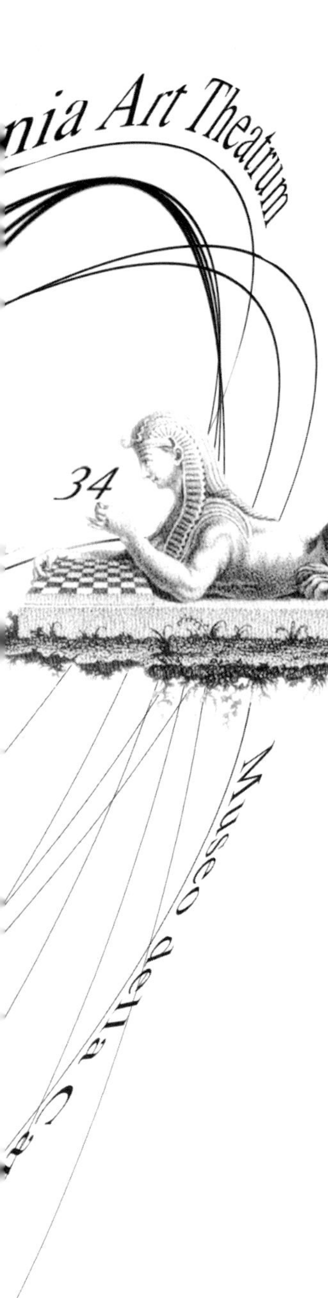

The return

In my mind the house in Serre has become living proof of the constant increase in the participation at artistic events in recent years. But in Serre there is something more, as if this participation has become a natural reality. And yet the media do not seem to notice it: they speak only of the sensational, artificial polemics or recount stories as long as these are considered "easy", but they never try to decipher what pushes so many young and older people to participate. It does not count.

Every time I think about it I remain dumbfounded, because I read into this phenomenon a radical change that could signal an unforeseen revolution of the conscience. First of all, it demonstrates a real cultural growth, that goes against the tendency of falling attendance of a cultural production not inserted in current conventions. Then, if everyone truly began to privilege the creative experience over other forms of interaction with others and the world, it would be an epochal turn of events.

We all remember when Beuys said, "every man is an artist", that "art is capital" that modifies power relationships. Those were times in which democracy had a high participation where even the most striking contrasts were included in ideal projects. It is no longer like that today; the number of voters, also in Italy, is dropping, even if voting is the first act of participation. I do not think that people are totally passive, disinterested, but that they find themselves uncomfortable faced with this absence of ideal tensions. They have not all become cynics, I believe that there has been a separation between the real needs for cultural depth (because the great utopias have left us alone) and the necessity to manage a transition carried out following old models.

Everyone praises the Internet, the new technologies, but at the same time maintains that this revolution in communications has no effect on one's thirst for knowledge.

Art is showing us the exact opposite. As a matter of fact, what Beuys announced is being accomplished today, and the thing passionately involves not only those employed in the works, but normal people who are not artists but nonetheless participate, without suggestions other than their desire

eppure partecipano, senza altre suggestioni che quelle del loro desiderio di confrontare la propria anonima, parziale, capacità espressiva con quella di chi ha scelto di dare forma al proprio talento, alle emozioni, alle conoscenze.

In Italia il pubblico non è influenzato dalle grandi strutture artistiche, come in America o nel Nord Europa, eppure la partecipazione cresce. Un evento come Serre lo dimostra.

Ricordo l'orgoglio e l'affetto con cui il sindaco è intervenuto, l'accoglienza degli abitanti, la cordiale normalità con cui assistevano a questo esperimento: era vissuto come un fatto interno alla vita sociale e individuale. Eppure le immagini di Vettor Pisani non sono semplici, richiedono una messa in discussione della realtà così come ci è stata trasmessa e delle catastrofi che l'hanno accompagnata. Però rendono visibile anche il grande incontro umano che l'arte produce. In quale altro modo potrei definire la reciproca partecipazione tra un artista e dei collezionisti che non acquistano una serie di quadri, sculture, ma creano per ambedue un luogo abitabile? Mi colpisce ancora la percezione che ho avuto di qualcosa che non aveva a che fare con una proprietà, ma con un punto di riferimento in cui ognuno poteva aprire un dialogo con l'altro. È questo, credo, che si è trasmesso anche a coloro che erano arrivati lì, è questo che ha siglato la festa. Gli enigmi che Pisani porta in luce calano sul pianoforte al quale non sta seduto nessun pianista, ma dal quale ognuno può trarre gli accordi armonici per avvicinarsi al mistero del colore che si addensa attorno, alle figure della Sfinge, ai messaggi bocca-orecchio che contraddistinguono la trasmissione magico-alchemica. E quindi entrare con lui in "domicili contrassegnati da un'intensità di riconoscimento, al di fuori del tempo e dello spazio". Anche per questo bisogna offrire e ricevere partecipazione: nella casa sulle cave di Serre è successo ed ha aperto, come dice Vettor, "un intreccio lagunare, una nube di intermittenze", in cui artista e fruitore acquistano parola, anche se "la muraglia delle certezze è crollata".

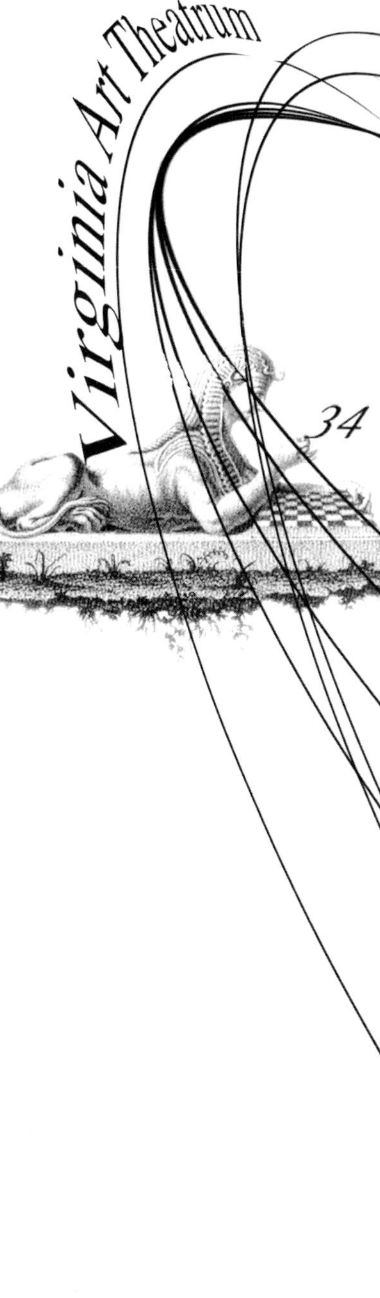

to compare their anonymous, partial expressive capacity with those who have chosen to give form to their own talent, to their feelings, to their awareness.

In Italy, the public is not influenced by large artistic structures, like in America and Northern Europe, and yet participation is increasing. An event like Serre demonstrates this.

I remember the pride and affection with which the mayor intervened, the welcoming of the inhabitants, the cordial normality with which they participated in this experiment: it was lived as an internal fact of the social and collective life.

Even if Pisani's images are not simple, they require that reality, as it has been transmitted and the catastrophes that have accompanied it, be put into question. However, they also make visible the great human encounter that art produces.

How else could I define the reciprocal participation between an artist and the collectors who, rather than purchasing a series of pictures and sculptures, create a habitable place for both? I am struck again by the perception that I had of something that has nothing to do with property, but with a reference point in which anyone could open dialogue with another. I believe that this is what has been transmitted also to those who were there. This is what has marked the celebrations.

The enigmas that Pisani brings to light descend on the grand piano at which there is no pianist seated, but from which everyone can draw the harmonic chords to get closer to the mystery of the color that masses around, to the figure of the sphinx, to the mouth-ear messages that distinguish the magic-alchemic transmission. And therefore enter with him into "dwellings characterized by an intensity of recognitions, beyond time and space". As well as for this it needs to offer and receive participation: in the house in the quarry of Serre there has taken place and opened, as Vettor says, "a lagoon-like interweaving, a cloud of intermittences", in which artist and viewer acquire speech, even if the "great wall of certainty has fallen".

Vettor Pisani
a Serre di Rapolano

La cava abbandonata di Serre ha degli aspetti quasi scenografici che si possono prestare ad una lettura simbolica. Vettor Pisani vi ha ritrovato elementi che ricorrono nei suoi lavori: le pareti verticali, tagliate dallo scavo, i cipressi che sono cresciuti al limite del dirupo ricordano evidentemente l'*Isola dei Morti* di Böcklin e rimandano all'area simbolista che ha ispirato molto lavoro dell'artista. Le cornacchie che hanno nidificato lungo queste stesse pareti ricordano a loro volta i gabbiani che compaiono in molti suoi disegni. Soprattutto, nel fondo del dirupo, seminascosto dalla vegetazione spontanea, un ampio scavo nel terreno disegna un'Eurasia, una croce spezzata, la figura che più ricorre nel lavoro di Pisani, la più complessa per le implicazioni simboliche che chiama in causa.

A limite del dirupo sorge anche la casa, quella in cui ci troviamo adesso, dalla pianta triangolare che richiama la struttura di un pianoforte a coda, strumento anch'esso ricorrente nel lavoro dell'artista e che vale come *eco sonora* del triangolo.

Il caso ha voluto che un mondo ritenuto puramente immaginario si rendesse reale, e che un angolo del mondo fosse destinato a trasformarsi in Opera. Vettor Pisani sta infatti lavorando perché il luogo nella sua interezza diventi "installazione permanente" come si dice in linguaggio tecnico, opera a dimensione ambientale ed esistenziale, la cui fruizione si identifica necessariamente con un'esperienza totale da parte di qualcuno che non dovremmo più chiamare semplicemente un "visitatore".

L'opera che Pisani ci offre diviene il luogo di uno scambio, di un rapporto non univoco ma polifonico, aperto all'interazione e all'interpretazione dell'altro che con l'abitarlo ne muta continuamente i connotati.

Quello che vorremmo fare noi oggi è proprio questo, inaugurare il luogo facendolo parlare, rendendo produttivo di senso l'incontro casuale avvenuto fra l'artista e la natura, innestato dall'artista a partire da un dato naturale dalle

Vettor Pisani
at Serre di Rapolano

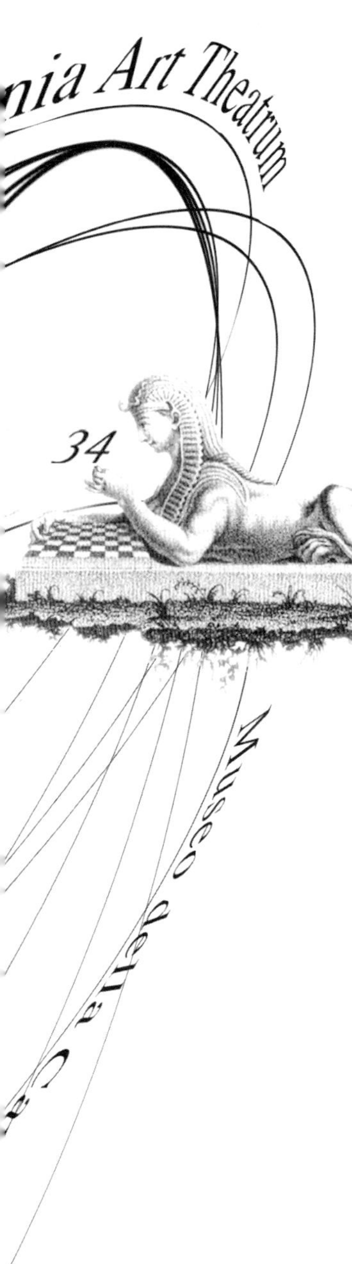

The abandoned quarry of Serre has some almost scenographic aspects which can be lent to a symbolic reading. Vettor Pisani has found there elements which run through his work: the vertical walls cut from the quarry, the cypresses which have grown on the edges of the cliff are obviously reminiscent of the *Island of the Dead* by Böcklin and refer to the symbolist area which has inspired many of the artist's works. The crows, which nest along these very walls, are in turn reminiscent of the seagulls, which appear in many of his drawings. Most of all, at the foot of the cliffs, almost hidden by the spontaneous vegetation, a large excavation in the ground traces a Eurasia, a broken cross, the figure which recurs most often in Pisani's work and which is rendered more complex due to the symbolic implications it involves.

At the edges of the cliff stands the house in which we find ourselves now. It has a triangular plan reminiscent of a grand piano, an instrument which also recurs in the artist's work and which is equivalent to a sonorous echo of the triangle.

By chance, a world considered to be purely imaginary has been made real and a corner of the world was to be transformed into a Work. Vettor Pisani is working with the aim of turning the entire place into a "permanent installation" as it is called in technical jargon, a work of environmental and existential dimension, the fruition of which is necessarily identified with a total experience on the part of someone, who we can no longer simply refer to as a "visitor".

The work offered to us by Pisani becomes the place of exchange, of a relationship, which is not univocal but polyphonic, open to interaction and interpretation by the other who by staying there continually changes its characteristics.

Today we want to do precisely that, inaugurate the place by making it speak, making sense of the chance meeting between the artist and nature, grafted by the artist from a natural fact, from the amazing characteristics, where some coincidences occur as indicative signs, bearers of a destiny . . .

The physical and tangible place, open to the total and

caratteristiche stupefacenti, dove alcune coincidenze si danno come segni indicatori, rivelatori di un destino...

Il luogo fisico e tangibile, aperto all'esperienza totale ed effettiva, è beninteso anche una grande metafora, anzi funziona a partire dal suo valore metaforico. Pisani a suo tempo ha allestito una "casa filosofica" a Roma, spazio dove contemplare e commentare la sua opera, e l'ha usata per più di dieci anni.

Ora però si è trasferito a Serre, in un luogo che considera evidentemente più appropriato, più pregnante anche per il suo valore emblematico, come un suggello posto a siglare un'intera ricerca. La cava di Serre, a detta dell'artista, è luogo che più gli somiglia, è la metafora del suo stesso io che si è scoperto essere costituito da un'infinità di frammenti in cui si è via via identificato.

Tutto il lavoro di Vettor Pisani (che l'artista definisce una sorta di teatro filosofico e conoscitivo della storia moderna dell'Europa) parla infatti del soggetto occidentale come di un'identità frammentata, parla della stessa Modernità come esperienza della perdita (del Centro, dell'Integrità, dell'Identità) e come inesausto quanto vano tentativo di riconquista.

Pisani legge questo duplice movimento, di ricomposizione a partire da una perdita, nei *topòi* culturali che il suo lavoro rivisita, nei simboli che adotta o che reinventa, per poi ritrovarlo puntualmente in noi stessi, in ciascuno dei suoi interlocutori.

Anche noi ci specchiamo nella cava di Serre come nella voragine della nostra psiche, come nel nostro inconscio dalla cui energia ricaviamo il pietrame, la materia che costruisce la nostra identità, la nostra forma, probabilmente il nostro stesso corpo.

Noi viviamo al limite della voragine dell'inconscio, viviamo il continuo tentativo di sfuggire alla follia, di tenerla a bada e vincerla, le immagini della Sfinge, da Moreau a Khnopff, quelle che Pisani cita nel suo lavoro, non sono altro che rappresentazioni di questo cimento fra l'Io e l'inconscio, di questo dialogo fra l'Io e il suo rovesciamento (l'Es, il buio, la madre), nonché del nostro tentativo di *costruttori* perché salvarsi significa recuperare frammenti ai quali aggrapparci. Il terreno sul quale ci ergiamo non è sicuro ma viene continuamente assorbito dallo stagno, dal mare,

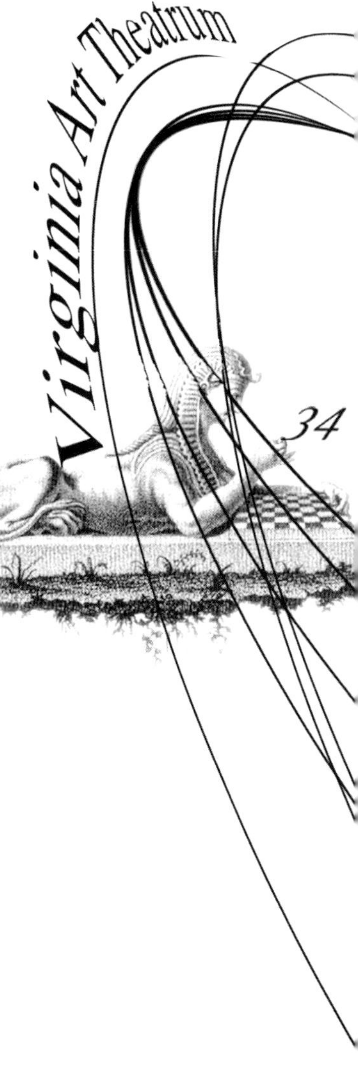

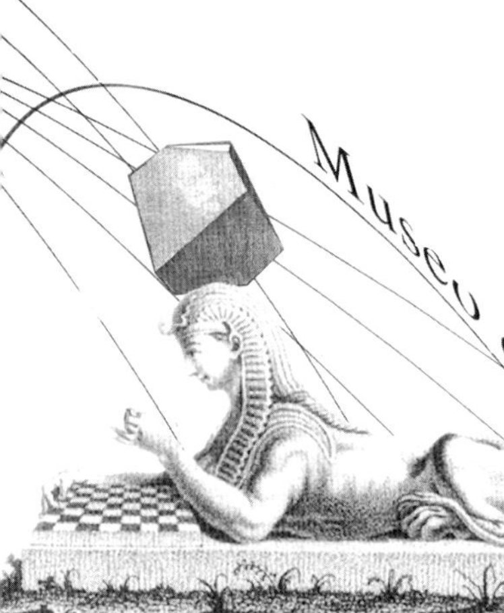

effective experience, is of course also a great metaphor, or rather, it functions beginning from its metaphorical value. Pisani once set up a "philosophic house" in Rome, a space in which to contemplate and comment upon his work, which he used for more than ten years.

But now he has moved to Serre, to a place which he obviously considered to be more appropriate and also more significant for its emblematic value, similar to affixing a seal in order to mark the completion of research. The artist has said that the quarry at Serre is the place which most resembles him, it is the metaphor of his own ego which he has discovered to be made up of an infinity of fragments in which he has gradually identified himself.

All of Vettor Pisani's work (which he defines as a type of philosophical and cognitive theater of modern European history) speaks of the Western subject as fragmented identity, of the same Modernity as an experience of loss (of the Center, of Integrity, of Identity) and as an inexhaustible and useless attempt to reconquer. Pisani reads this double movement, of recomposition beginning from a loss, in the cultural *topòi*, which his work revisits in the symbols which he adopts and reinvents, to then find it in ourselves, in each person he speaks to.

We are also mirrored in the quarry of Serre as in the abyss of our psyche. From the energy of our unconscious we extract the rocks, that is, the material which makes up our identity, our form, probably our own bodies.

We live on the edge of the abyss of the unconscious, we live with the continual attempt to escape from madness, to keep it at bay and to vanquish it. The images of the Sphinx, from Moreau to Khnopff, quoted by Pisani in his work, are non other than representations of this trial between the ego and the unconscious, of this dialogue between the ego and its reversal (the Id, the darkness, the mother) as well as our attempts as builders, because in order to save ourselves we must recover fragments on which to cling. The ground from which we rise is not safe but is continually being absorbed by the swamp, the sea, and we must recover the solid fragments from around ourselves with which to build a platform in order not to sink.

It is not surprising then that such a place which has

e noi dobbiamo recuperare intorno a noi i frammenti solidi con cui costruire una piattaforma per non affondare.

Non stupisce allora che un tale luogo divenuto Opera si chiami Virginia Art Theatrum – *Museo della Catastrofe* (posta la relazione, su cui Pisani è intervenuto più volte, fra verginità e catastrofe).

L'artista produce un'immagine, la estrae dalla sua interiorità dove genera nevrosi, e se ne libera come l'analizzante si libera dal malessere attraverso la decifrazione del sintomo.

L'immagine della catastrofe è però una metafora epocale che contiene il romanzo dell'Io dell'artista, ma lo trascende. Il luogo contiene lo scenario di un pensiero apocalittico, quello che attraversa il nostro mondo. L'Occidente oggi, ci dice Pisani, dal punto di vista sociale, economico e filosofico vive un momento apocalittico particolarmente intenso. Certo l'Apocalisse accompagna l'umanità dalle origini, probabilmente essa nasce con l'invenzione della parola come indice della scissione originaria.

Tuttavia oggi la sensazione della perdita, della frammentazione, della fine del nostro mondo si fa particolarmente acuta: il muro di Berlino, il Medio Oriente, la ex-Jugoslavia sono lì a ricordarcelo.

La catastrofe però se segna la fine di uno stato annuncia anche l'inizio di un altro, è un'oscillazione del senso che afferisce alla distruzione e ad un tempo alla costruzione.

Stiamo parlando, infatti, dalla casa dei *costruttori*, siamo nella casa dei Muratori, con le pietre della cava, su cui ci affacciamo, si sono costruite le case di questi dintorni. Quella di catastrofe è una parola ambigua, indica l'aspetto oscillante di qualcosa che visto da un lato è negativo, ma visto dall'altro è fortemente positivo.

Tale ambiguità costitutiva è inerente ai discorsi dell'arte.

L'importanza dell'arte, ci ricorda Pisani, sta tutta nel fatto che ci consente di esperire, se non di comprendere appieno, la complessità del reale. La funzione dell'arte è quella di consentire a chi si appropria dei suoi messaggi di smettere di vedere il mondo come un'immagine di superficie e di coglierne invece tutta la profondità, di vederla in tutte le sue sfumature. Il mondo che noi percepiamo è soltanto una minima parte della complessità del reale, e un'opera d'arte autentica è quella che ci permette di percepire qualcosa che appartiene

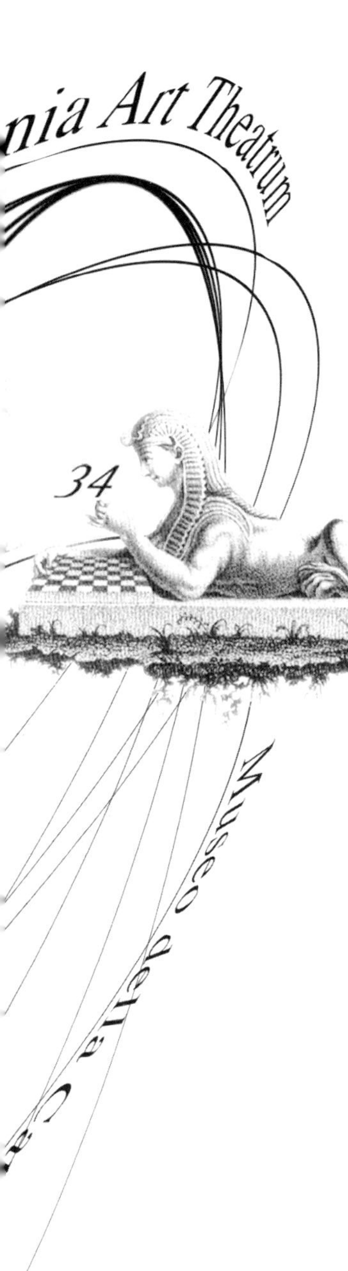

become the Work of art is called Virginia Art Theatrum –
Museo della Catastrofe (given the relationship of which
Pisani has worked more than once between virginity and
catastrophe).

The artist produces an image, extracting it from his own
inner life where neuroses are generated. He gets rid of them
like the patient in analysis who gets rid of his ailment by
deciphering the symptoms.

The image of the catastrophe is however an epochal
metaphor which contains the story of the artist's ego, and
transcends it. The place contains the backdrop of an apocalyptic thought which crosses our world. Pisani tells us that
the West today, from a social, economic and philosophic
point of view, is living a particularly intense apocalyptic
moment. The Apocalypse most certainly accompanied
humanity from its origins, in fact it was probably born with
the invention of the word as indicator of the original scission.

However, today the sensation of loss, of fragmentation of
the end of the world is particularly acute: the Berlin wall,
the Middle East, ex-Yugoslavia are there to remind us.

If the catastrophe is there to indicate the end of a state it
also announces the beginning of another, it is an oscillation
of meaning regarding both destruction and construction.

We are speaking of the house of the *builders*, we are in
the house of the Masons, the houses of this area were built
with the rocks of the quarry which we look out over.
Catastrophe is an ambiguous word indicating the oscillating
aspects of something which, seen from one side is negative
but seen from the other is most positive.

That constituent ambiguity is inherent in the discussion
of art.

The importance of art, Pisani reminds us, is completely in
the fact that it allows us to carry out, even if not to completely understand the complexity of the real. The function
of art is to allow whoever appropriates its messages to stop
seeing the world as an image of surfaces and instead to
gather all of the depth, to see it in all its shades. The world
which we perceive is only a minimum part of the complexity
of the real, and an authentic work of art is that which allows
us to perceive something which belongs to the real and
which nevertheless until that moment was unknown to us,

al reale e che nondimeno fino a quel momento ci era sconosciuta, o ci si presentava come invalicabile.

Dietro al sorriso della Gioconda non c'è soltanto la cortesia della sua figura, il sorriso è anche allusivo a un mondo che noi dobbiamo percepire al di là della sua apparenza.

La filosofia nasce dalla nostra razionalità, è ciò che riusciamo a produrre come volontà di conoscenza. L'arte invece si genera dove inizia il silenzio, dove comincia il silenzio e appare l'immagine, dove si instaura uno spazio completamente diverso, forse muto.

Siamo stati noi a dare i nomi alle cose, Dio disse ad Adamo di nominare quello che vedeva.

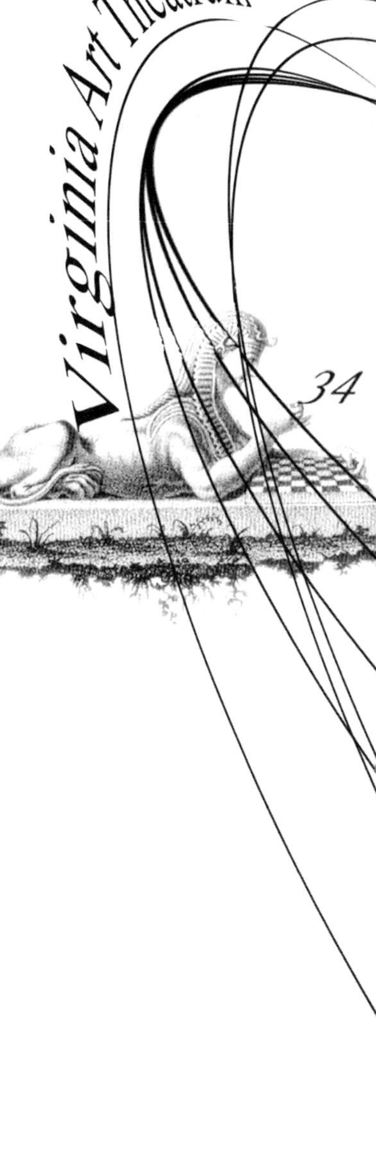

Probabilmente la verità risiede in una oscillazione fra le parole, le immagini e le cose, la conoscenza muove da questa oscillazione e ci pone a confronto con problemi di cui sappiamo già che non troveremo mai la soluzione.

La filosofia è un tentativo ambizioso perché vuole fondare un sapere che porti alla realtà mentre l'artista sospetta, per sua natura, che la realtà sfumi continuamente in una condizione insondabile.

L'interesse di Pisani per il pensiero ermetico e per le sue espressioni nel corso della storia nasce semplicemente da questa consapevolezza, che lo imparenta, va detto, con non pochi filosofi oltre che con diversi (ma non moltissimi) altri artisti.

Il pensiero ermetico parla dell'invisibile, dell'oscuro, del profondo, ma come parte costitutiva di ogni cosa, di ogni essenza. Una mela, ci dice Pisani, è un frutto, un cibo, una cosa, ma è anche un simbolo, è il pomo del Paradiso perduto, la mela di Eva.

La realtà ha sempre due aspetti, di cui uno allacciato all'invisibile, che dunque occorre decifrare, ma visibile e invisibile hanno lo stesso statuto di esistenza, non è possibile immaginare un mondo integralmente e unicamente espresso nell'esteriorità e nell'oggettività.

Noi moderni siamo tentati di inseguire una verità univoca, precisa e compatta, *semplice*, ma è un tentativo vano.

Per questo il lavoro di Vettor Pisani è giocato sulla *divagazione*, cioè sul vagare, sullo spostamento continuo del senso, sull'erranza o la deriva intesa come sua unica possibilità.

Inguaribilmente curiosa di tutto, la sua opera non ha

or presented itself to us as impassable.

Behind the smile of the Mona Lisa there is not only the grace of her figure, the smile also alludes to a world that we have to perceive beyond its appearance.

Philosophy is born from our rationality and that which we can produce as will of conscious. Art instead is generated where silence starts, where silence begins and the image appears, where a completely different space, perhaps mute, is established.

We were the ones to give names to things. God told Adam to name that which he saw. The truth probably resides in an oscillation between words, images and things. The conscience moves from this oscillation and puts us in confrontation with problems which we already know we will never find the answer to.

Philosophy is an ambitious attempt because it wants to found a knowledge which leads to reality; while the artist suspects, by his nature, that reality is continually changing in an unfathomable condition.

Pisani's interest in hermetic thought and its expression over the course of history is simply borne of this knowledge, which it must be said, links him to many philosophers as well as some (but not many) other artists.

Hermetic thought speaks of the invisible, the obscure, the profound, but as a constituent part of every thing, of every essence. An apple, Pisani tells us, is a fruit, a food, a thing, but it is also a symbol, it is the apple of Paradise lost, Eve's apple.

Reality always has two aspects, one of which is tied to the invisible and which must therefore be deciphered. But visible and invisible have the same statute of existence, it is not possible to imagine a world completely and solely expressed in exteriority and objectivity.

We moderns are tempted to follow a truth which is unequivocal, precise and compact, *simple*, but it is a useless attempt.

For this reason the work of Vettor Pisani plays on *digression*, that is on wandering, on the continual shift of meaning, on roaming or drifting meant as his only possibility.

Incurably curious to everything, his work has neither unity nor coherence because he knows that he cannot expe-

unità né coerenza, perché sa che non se ne può fare esperienza, almeno non nel nostro universo culturale: il sapere nasce dalla molteplicità e dalla metamorfosi.

Particolare di estrema importanza, all'opera di Pisani manca anche la severità (sono parole sue). Attirato dal linguaggio dei simboli, da sempre interessato alla scienza alchemica, ai saperi esoterici nati sotto le più diverse latitudini, l'artista sa sdrammatizzare la sua figura, e con grande autoironia si definisce un creatore e decifratore di rebus.

La mancanza di univocità comunque non è il limite della cultura moderna, almeno di quella che Pisani interroga incessantemente, al contrario ne costituisce la ricchezza.

L'Isola dei Morti di Böcklin ci sembra appartenere all'estremo Nord del nostro continente, in realtà Böcklin visse a Firenze, i cipressi che ha dipinto sono quelli del paesaggio toscano, l'isola immaginaria del pittore simbolista in realtà è costituita dai particolari ricavati da realtà del tutto diverse e assemblati in un nuovo organismo, spurio: i cipressi toscani e probabilmente le isole del golfo partenopeo. *L'Isola dei Morti* è forse il primo collage. La storia della pittura del resto è la storia della convivenza di più mondi: il Vecchio Testamento e i costumi delle corti seicentesche, la Passione di Cristo e il paesaggio lombardo del Quattrocento...

Così è l'arte di Vettor Pisani, generata, si può dire, dall'incontro con altri artisti, Duchamp, Klein, Beuys, e di molti altri contributi, l'Esoterismo e il Simbolismo, la storia dell'arte, la filosofia, la psicanalisi. Non unitaria, incoerente, e consapevole che ogni sapere, per essere tale, deve contenere il suo proprio controcanto parodistico.

Una delle figure a cui più recentemente Pisani si è dedicato è quella di Ludwig Wittgenstein, nel cui nome sono state e saranno realizzate diverse opere, dentro e fuori da questa casa.

Non è tanto al filosofo che l'artista si rivolge: né al primo Wittgenstein, che intende determinare le condizioni di sensatezza del linguaggio generalmente considerato (*Tractatus logico-philosophicus*), né al secondo Wittgenstein che riconosce la varietà disparata dei giochi linguistici impossibili da sottoporre a regole univoche (*Osservazioni filosofiche* e altre opere postume), nonostante qualcosa dell'uno e dell'altro si addica alla sensibilità dell'artista.

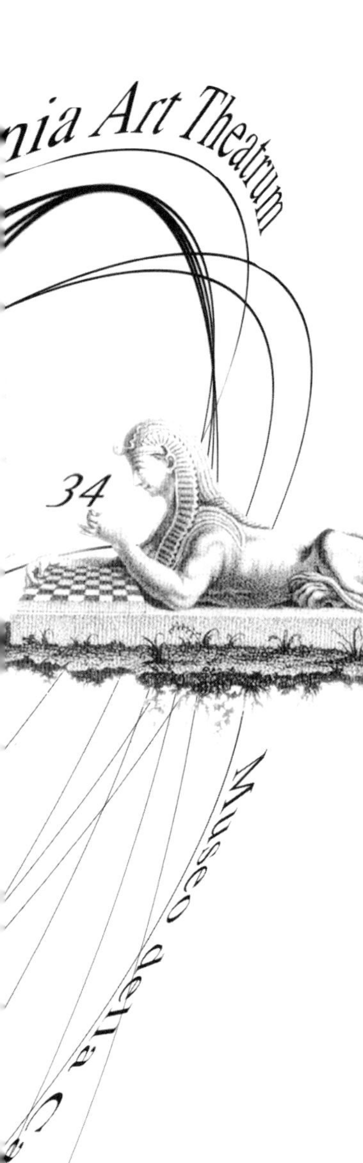

rience this, at least in our cultural universe: this knowledge is borne from multiplicity and metamorphosis.

A detail of extreme importance is that Pisani's work also lacks severity (his words). Attracted by the language of symbols, always interested in alchemy, and esoteric knowledge borne in very diverse latitudes, the artist knows how to play down his figure, and with great self-irony he defines himself as a creator and decipherer of mystery.

The lack of unequivocalness however is not the limit of modern culture, at least that which Pisani continually interrogates, but on the contrary, it makes up its richness.

The Island of the Dead by Böcklin seems to us to come from the far north of our continent. In reality Böcklin lived in Florence, the cypresses which he painted are those of the Tuscan countryside, the symbolist painter's imaginary island in reality is made up of details obtained from a very different reality and assembled in a new organism, spurious: the Tuscan trees and probably the island of the gulf of Naples. *The Island of the Dead* is perhaps the first collage. The history of painting moreover is the history of the cohabitation of various worlds: the Old Testament and the costumes of the seventeenth century courts, the Passion of Christ and the fifteenth century Lombard landscape . . .

This is Vettor Pisani's art, generated, one can say, from the meeting with other artists, Duchamp, Klein, Beuys and many other contributors, Esotericism and Symbolism, art history, philosophy, psychoanalysis. Not unitary, inconsistent, and knowing that all knowledge, to be such, must contain its own paradoxical countermelody.

A figure to which Pisani has dedicated himself more recently is that of Ludwig Wittgenstein, in whose name several works have been and will be realized both within and outside of this house.

The artist does not so much address the philosopher: not the first Wittgenstein, who intended to determine the conditions of the sensibleness of common language (*Tractatus logico-philosophicus*), nor to the second Wittgenstein who recognizes the disparate variety of linguistic games impossible to subject to a univocal rule (*Philosophical observations* and other posthumous works), notwithstanding something of both suits the sensibility of the artist.

Pisani vede in Wittgenstein un mistico che per tutta la vita ha cercato la semplicità dell'evidenza sapendo quanto essa sia inattingibile, e che ha incarnato nella sua biografia un simile lacerante paradosso.

Come al solito Pisani costruisce un *divertissement* filosofico basato sull'appropriazione indebita di questo o quel tratto caratteristico del personaggio o della sua opera, mosso da un desiderio impossibile che però fa esplodere il senso in una serie di imprevedibili associazioni. Dalla biografia di Wittgenstein si dipana una divagazione, io preferisco definirlo un racconto, che si incrocia con i *luoghi* più tipici dell'immaginario dell'artista e che parte dalla casa che il filosofo viennese ha costruito per la sorella.

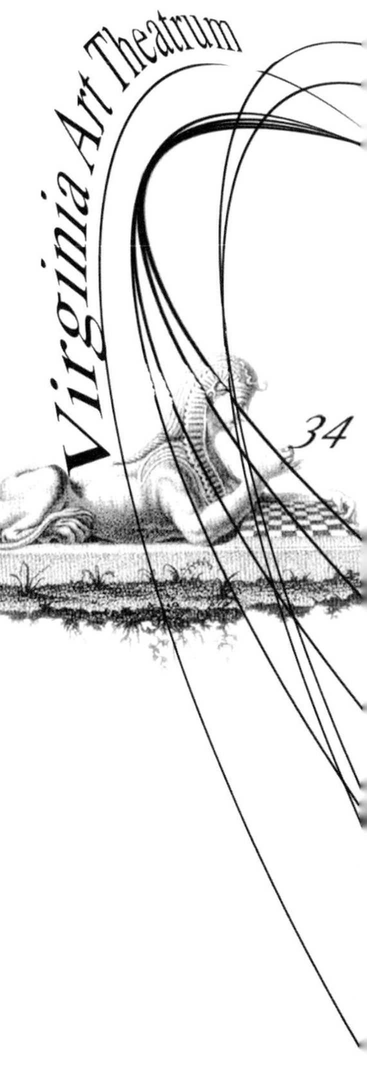

Questa casa, il cui modellino appare in alcune opere recenti di Pisani, ha la forma di un'Eurasia, cioè di una semicroce che simboleggia la frattura di un intero in due parti, e di una tradizione culturale in due universi geopolitici opposti, Oriente e Occidente. La semicroce designa la forma di un campo magnetico ondulatorio, come un radar che serve a percepire energie altrimenti invisibili, impercettibili con il solo ausilio della ragione (e che infatti si studiavano nei circoli massonici di Cambridge, dove Wittgenstein ha insegnato).

Pisani ne individua l'istanza in diversi momenti della cultura europea, in particolare in quella germanica, secondo una genealogia che va da Goethe a Wittgenstein a Beuys, passando attraverso Hitler e il nazismo (l'entrata del campo di sterminio di Auschwitz è costruito come un'Eurasia con una copertura piramidale), giacché l'Eurasia reca in sé il positivo e il negativo, determina anche lo scontro e la deflagrazione, è anche una contro-iniziazione, contiene un destino di catastrofe. La numerologia ci dice che Eurasia è una parola di sette lettere, tre più quattro, che porta al numero trentaquattro ed è il numero dell'Apocalisse in quanto è la somma di diciassette più diciassette.

Il fatto che la casa fosse costruita per la sorella Margherita richiama poi il tema dell'incesto alchemico, che Pisani ritrova come costante nelle figure che ha più volentieri avvicinato, da Khnopff a Duchamp. Ritratta da Klimt in abito da sposa, Margherita ha un nome che ben si accompagna all'iniziato in quanto il suo diminutivo tedesco è Gretel, così veniva chia-

Pisani saw in Wittgenstein a mystic who all his life sought the simplicity of the evidence knowing how unattainable that was, and who had incarnated in his biography a similar lacerating paradox.

As usual, Pisani constructs a philosophical *puzzle* based on the unauthorized appropriation of this or that characteristic of the person or their work, moved by an impossible longing which however makes the meaning explode in a series of unforeseeable associations. There is a digression in Wittgenstein's biography. 1 prefer to define it as a story which crosses the most typical *places* of the artist's imagination, starting from the house which the Viennese philosopher built for his sister.

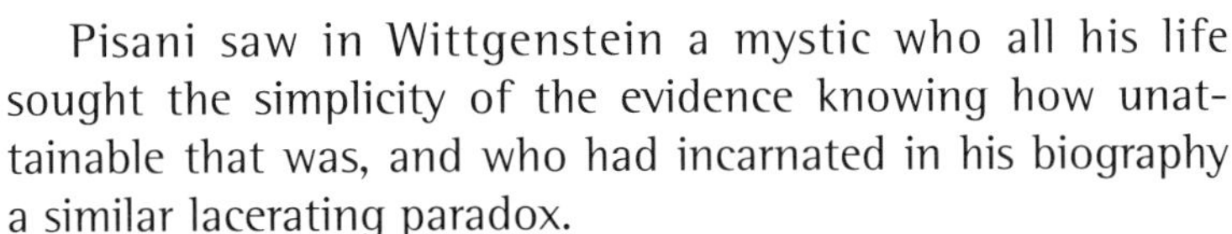

This house, the model appears in some recent works of Pisani, has the form of a Eurasia, that is a semi-cross symbolizing the fracture of a whole into two parts, and of a cultural tradition in two geo-politically opposite universes, East and West. The semi-cross draws the form of a wave-like magnetic field, like a radar used to detect otherwise invisible energy, imperceptible if only using the aid of reason (and which was studied in the Masonic lodges of Cambridge where Wittgenstein taught).

Pisani identified the instant in various moments of European culture, particularly German culture, according to a lineage which goes from Goethe to Wittgenstein to Beuys, passing through Hitler and Nazism (the entrance at the Auschwitz death camp is built like a Eurasia with a pyramid shaped cover), as the Eurasia carries positive and negative within itself, determines the battle and the deflagration it is also a counter initiation, containing a fate of catastrophe. Numerology tells us that Eurasia is a seven lettered word, three plus four, which goes to the number thirty four and it is the number of the Apocalypse as it is the sum of seventeen and seventeen.

The fact that the house was built for his sister Margherita then recalls the theme of alchemic incest, which Pisani continues to find as a constant in the figures which he has most willingly approached, from Khnopff to Duchamp. Painted by Klimt in a bride's dress, Margherita has a name which is a good accompaniment for an initiate as its short form in the German is Gretel, as Wittgenstein's sister was called in the

mata in famiglia la sorella di Wittgenstein, e Gretel rimanda a Creta, al Labirinto, e diviene una parola labirintica. Nello stesso tempo evoca Mefistofele e il demonico, nel *Faust* come ne *Il Maestro e Margherita* di Bulgakov.

Wittgenstein inoltre rimanda alla *macchina celibe*, quell'atteggiamento dell'animo o disposizione del pensiero che permette di tenere a distanza l'elemento emotivo e di procrastinare all'infinito la soddisfazione del desiderio in una strategia di conservazione dell'integrità dell'Io. La macchina celibe è una figura onanistica (e trasgressiva perché *disperde il seme* invece di "capitalizzarlo") che si addice a Wittgenstein grande masturbatore, come lui stesso si definisce nei suoi diari.

Il Wittgenstein omosessuale infine offre l'incarnazione dell'androgino alchemico, dell'Ermafrodito, figura oscillante fin nella radice della sua natura, nato dall'unione di Afrodite e di Hermes. Non dimentichiamo che la casa in cui ci troviamo e il luogo che la circonda sono diventati opera dell'artista all'insegna di Hermes, la cui effige raddoppiata è posta ad enigmatica protezione dell'ingresso.

Hermes dio lunare, trasmigratore delle anime, dio dei trivi e delle strade, dei ladri e delle prostitute, che protegge e inganna, il dio di tutta la creatività, del genio e del talento, si confà a un simile luogo e ai suoi abitanti perché, dice Pisani, non è un dio dogmatico, è un dio dialettico che ci consente di vivere consentendo l'oscillazione e perciò la trasformazione di tutte le forme, visibili e invisibili.

Per concludere vorrei riportare qui un pensiero di Roland Barthes dedicato ad Arcimboldo, pittore amato da Pisani, e che io dedico a Pisani stesso poiché gli si adatta perfettamente: "Non solo l'arte', ma anche un sapere traspare dall'esercizio di una tale immaginazione: sorprendere delle metamorfosi (come fece a più riprese Leonardo da Vinci) è un atto di conoscenza: ogni sapere è legato a un ordine classificatorio; allargare o modificare il sapere vuol dire sperimentare, con operazioni audaci, ciò che sovverte le classificazioni alle quali siamo abituati: questa è la funzione nobile della magia, 'somma della saggezza naturale' (Pico della Mirandola)".

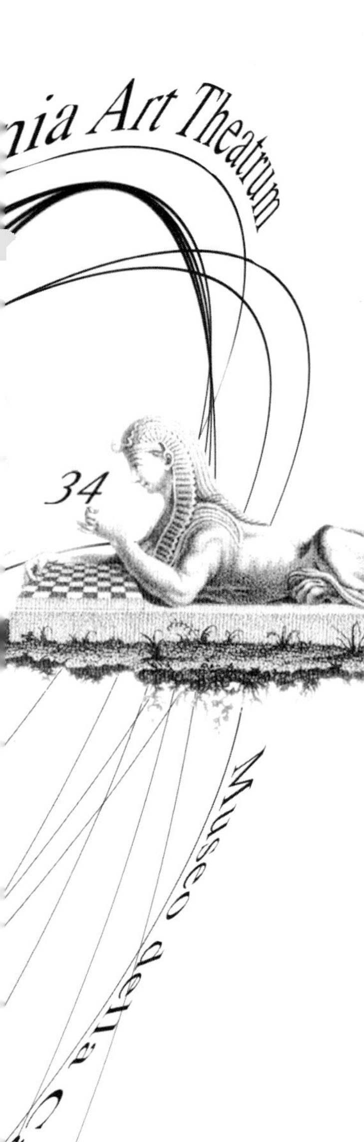

family, a Gretel sends us back to Crete, to the Labyrinth, and becomes a labyrinthic word. At the same time it evokes Mephistopheles and the demonic, in *Faust* as in *The Master and Margarita* by Bulgakov.

Wittgenstein further returns to the *celibate machine*, that attitude of the soul or the arranging of thought which allows keeping the emotive element at a distance and to procrastinate infinitely the satisfaction of desire in a strategy to conserve the identity of the ego. The celibate machine is an onanistic figure (and also transgressive in as much as it *spreads the seed* instead of "capitalizing it") which suits the great masturbator Wittgenstein, as he defines himself in his diary.

Finally, the homosexual Wittgenstein offers the incarnation of the androgynous alchemist, the Hermaphrodite, the figure which oscillates from the roots of its nature, borne of the union between Aphrodite and Hermes. Let us not forget that the house in which were are and the place surrounding it have become works of the artist characterized by Hermes, whose double image is placed as an enigmatic protector of the entrance.

Hermes moon god, trans-migrater of the soul, dog of the crossroads and the streets, of thieves and prostitutes, who protects and deceives, the god of all creativeness, genius and talent, suits such a place and its inhabitants, says Pisani, because he is not a dogmatic god, he is a dialectic god who allows us to live allowing the oscillation and thus the transformation of all forms, visible and invisible.

In conclusion, 1 would like to quote a thought of Roland Barthes dedicated to Arcimboldo, a painter loved by Pisani, and which 1 dedicate to Pisani himself as it suits him perfectly: "Not only art, but also knowledge shines through from the exercise of such an imagination: catching in the metamorphoses (as Leonardo da Vinci did on several occasions) is an act of knowledge: every knowledge is tied to a classifying order: to widen or change the knowledge means to experiment, in a daring move with that which subverts the classifications to which we are used: this is the noble function of magic, the sum of natural wisdom (Pico della Mirandola)".

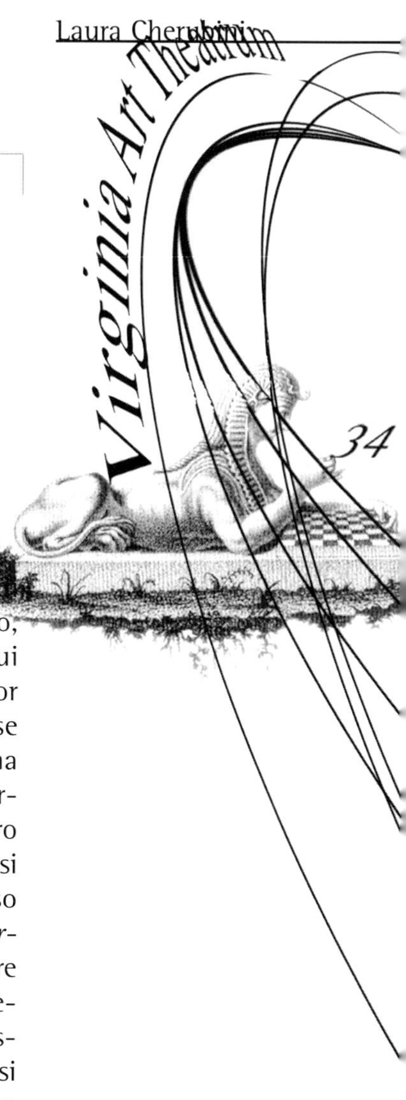

Dimora Radiosa
A propria immagine e somiglianza

"Se penso per me solo, senza voler
scrivere un libro, mi metto a saltellare
intorno al tema; è l'unico modo di
pensare che mi venga naturale"
Ludwig Wittgenstein

Il mio non sarà un intervento sistematico, si tratterà di
postille, annotazioni nate osservando questa casa, teatro,
museo, opera di Vettor e ascoltando i discorsi che qui
hanno avuto luogo. Questo anche perché il lavoro di Vettor
è talmente complesso e profondo che, devo scusarmi se
sarò molto disorganica e sembrerò molto disordinata, ma
poi vedrete che tutto, molto probabilmente, andrà a dispor-
si in un ordine perfetto, perché questa è la magia del lavoro
di Vettor, un lavoro in cui alla fine tutto torna a comporsi
in una conclusa circolarità. Ricordo che una volta Tommaso
Trini scrisse un testo intitolato *Come non deragliare parlando di Alighiero Boetti*, ed è impossibile non deragliare
anche parlando di Vettor Pisani, perché la sua opera presenta una tale ricchezza di riferimenti culturali, apre la possibilità di infinite letture critiche, anche se in fondo non si
deraglia mai, perché si resta sempre all'interno dello stesso
discorso.

Recinti

La prima cosa dunque che mi sembra assolutamente da
mettere in luce è proprio questo meccanismo della circolarità, dell'*eterno ritorno*, su cui si fonda tutta l'opera di
Vettor e quindi anche la costruzione, l'edificazione o
meglio la riedificazione, visto che avviene su un luogo
preesistente, di questa casa. Questa casa costruita su una
cava, una cava di marmo, una cava di travertino, una pietra
nobile, e già la parola pietra ha un significato molto
profondo per il lavoro di Vettor Pisani. Non so se in questa
sede è stata ancora pronunciata la parola alchimia: una

Radious Dwelling
In His Image and Likeness

"If I think for myself only, without wanting
to write a book, I jump around the
theme; it is the only way of thinking
which comes naturally to me"
Ludwig Wittgenstein

This will not be a systematic speech, but will be jot-
tings, notes written while observing this house, theatre,
work of Vettor and listening to the discussions which have
taken place here. I must apologize if this is inorganic and
seems to be disorganized, but this is because Vettor's work
is so very complex and deep. But you will see that most
probably everything will arrange itself in perfect order.
This is the magic of Vettor's work, work in which everything in the end returns to a completely circular arrangement. I remember that once Tommaso Trini wrote a text
entitled *Come non deragliare parlando di Alighiero Boetti*
(How not to de-rail while speaking of Alighiero Boetti),
and it is also impossible not to de-rail while speaking of
Vettor Pisani, as his work presents such a richness of cultural references, opening the possibility of infinite critical
readings, even if in the end one does not ever de-rail
because one always stays within the same subject.

Barriers

I therefore think that the first thing to emphasize is this
mechanism of circularity, the eternal return, on which all
of Vettor's work is based and thus also the construction,
the building or better the rebuilding (given that it occurs
in a pre-existing place) of this house. This house built on
a quarry, a quarry of marble, of travertine, a noble stone,
and already we come upon a word, stone, which is of deep
significance in the work of Vettor Pisani. I do not know if
the word alchemy has already been pronounced here.
Once Maurizio Calvesi wrote that alchemy is nothing but a

volta Maurizio Calvesi scrisse che l'alchimia non è altro che
un sistema di continue corrispondenze, e anche la magia,
nel pensiero filosofico rinascimentale, è un sistema del
sapere fondato sul meccanismo dell'analogia. Quello di
Vettor Pisani è un lavoro che si basa proprio su questa serie
infinita di corrispondenze e di analogie. Quindi, oltre a
essere sempre e comunque *pietra filosofale*, la pietra ha
anche un significato profondo nella religione cattolica.
Cristo dice a Pietro: "Tu sei Pietro e su questa pietra io edi-
ficherò la mia Chiesa". Non solo dunque il fatto che siamo
su una cava di pietra ha un significato simbolico, anche se
sotterraneo, molto forte, ma in questa stessa cava è presente quel taglio a semicroce che Vettor Pisani ha ritrovato,
riconosciuto, come quello che era già del suo teatro, *R.C.
Theatrum*, da lui prefigurato, l'insieme mobile delle sue
opere che l'artista aveva immaginato virtualmente contenu-
te in questo luogo ideale e reale al tempo stesso, il teatro a
forma di semicroce che Pisani aveva pre-visto situato sulla
riva di un corso d'acqua, mare, fiume o lago, o meglio
ancora su un'isola, il luogo dagli acquatici confini, e addirittura aveva pensato a feritoie attraverso cui la parte bassa
dell'edificio (a forma di croce) potesse essere continuamente
allagata (generando una croce d'acqua). Questo è un *teatro
sull'abisso*, Vettor Pisani l'ha sempre immaginato librato nel
vuoto, quasi un teatro in volo (infatti in un lavoro del 1982
un gabbiano lo portava nel becco). Ora si è posato veramente sull'orlo di un abisso, ma io penso che sia rimasto
anche un *teatro da tavolo*. Questa era infatti la sua prima
collocazione: nella galleria di Mario e Dora Pieroni (che ora
hanno dislocato altrove la loro attività), un luogo che è
stato punto di riferimento per tanti artisti e tanti critici,
abbiamo visto nascere questo progetto di Vettor proprio sul
campo ritagliato, ristretto, concentrato del tavolo. È ancora
e sempre dunque un teatro da camera, perché Vettor l'ha
immaginato proprio come tale, e questo è sottolineato dal-
l'elemento del recinto, questo piccolo muro che ci circonda
e all'interno del quale siamo tutti collocati, dove è posta la
casa. La presenza del recinto fa sì che il luogo riceva una
doppia connotazione: la prima come *labirinto*, un concetto
molto importante nel lavoro di Vettor Pisani. Nella tradizione classica il labirinto è un luogo fatto solo di interni, è

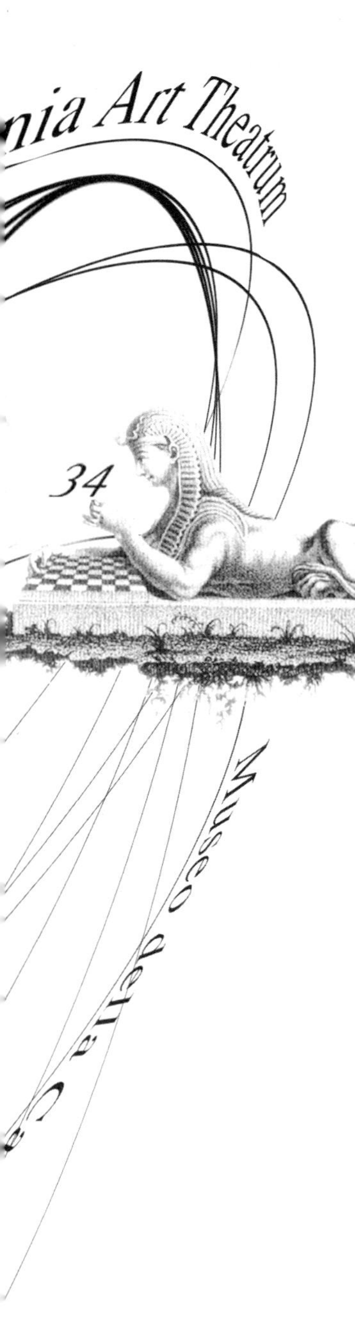

system of continual correspondences. Also in Renaissance philosophical thought, magic was a system of knowledge founded on the mechanism of analogy. The work of Vettor Pisani is based on this infinite series of correspondences and analogies. Thus, as well as always being the philosophers' stone, stone also has a deep significance for the Catholic religion. Christ said to Peter "You are Peter (Pietro) and you are the rock (pietra) on which I shall build my Church". It is not only the fact that we are on a stone quarry which has great symbolic significance even though it is underground. But there is also in this very quarry a semi-cross which Vettor Pisani found and recognized as that which, prefigured by him, was already in his theater *R.C. Theatrum*. The mobile whole of his works, imagined by the artist to be contained in this place, ideal and real at the same time, the theater in the form of a semi-cross which Pisani had foreseen situated on the bank of a water course, sea, river or lake, or even better on an island, the place of aquatic barriers. He had even thought of slits through which the bottom part of the building (in the form of a cross) could be continually flooded (making a cross of water). This is a theater on the abyss, Vettor Pisani had always imagined it hovering in space, almost a theater in flight. Now it is really on the edge of an abyss, but I think that it has also remained a *tabletop theater*. This was in fact his first collection: in the gallery of Mario and Dora Pieroni (who have now moved their activities elsewhere), a place which was a point of reference for many artists and critics, we saw this project of Vettor's being born on this cut out, tight, concentrated area of the table. Thus, it is a chamber theater, because Vettor imagined it exactly as such, and this is stressed by the element of the barrier, this small wall which surrounds us and within which we are gathered, where the house is. The presence of the barrier ensures that the place receives a double connotation. The first is as a *labyrinth*, a very important concept in the work of Vettor Pisani. In the classical tradition, the labyrinth is a place made entirely of internal spaces, and thus that which is contained inside the barrier. It is among other things a clear, if very obvious, but profound, persistent and intense metaphor of the unconscious. In the

quindi ciò che c'è dentro il recinto. È tra l'altro una chiara metafora, se vogliamo molto ovvia, ma molto profonda, persistente e intensa dell'inconscio. In fondo il primo labirinto è il ventre materno. In secondo luogo questo spazio cinto da un muro si connota come *hortus conclusus*, cioè un giardino, tema che ha lunga permanenza nell'arte contemporanea, seppur in modo non vistoso, appariscente, eclatante, ma quasi in segreto. L'*hortus conclusus* è l'iconografia di un luogo legato soprattutto alla figura della Vergine e proprio il giardino è una delle immagini simboliche a lei attribuite, per esempio nell'iconografia che si sviluppa dopo il Concilio di Trento. Già prima della Riforma era apparsa nei libri d'Ore francesi un'immagine, divenuta poi molto popolare e moltiplicata dalla Controriforma, dell'Immacolata Concezione (un dogma sancito molto più avanti) che appariva circondata dai simboli delle litanie: il giglio, la rosa, la palma, la luna, la stella del mare (poiché Maria è chiamata *Stella Maris*), la porta, lo specchio senza macchia, la fontana, il pozzo d'acqua viva, il giardino cintato mentre Dio dall'alto dei cieli contempla la vergine figlia del suo pensiero e nata prima dell'inizio del tempo[1]. E poi il giardino è il luogo dove si svolge un evento molto importante per la religione cattolica, è il luogo dell'*Annunciazione* e spesso le *Annunciazioni* della tradizione pittorica hanno sul fondo di questo *hortus conclusus* una porta chiusa che allude, appunto alla verginità di Maria e che viene ripresa, ad esempio, da Marcel Duchamp in *Etant donnés*, dove noi spiamo attraverso una porta chiusa la figura femminile che è sempre in qualche modo la figura della Vergine, anche se in Vettor Pisani viene coniugata con quella della pornostar. Come il teatro è contemporaneamente luogo di meditazione, teatro filosofico e spettacolo di varietà, passerella, così la figura femminile che lo abita è al tempo stesso quella sacra della Vergine e quella profana della *strip teaser*.

Angeli

Come Dio ha costruito il mondo a propria immagine e somiglianza, così Vettor si è costruito questa casa a propria immagine e somiglianza. E poiché non c'è niente di casuale in un lavoro che sembra fare del caso il suo nume tutelare,

end the first labyrinth is the maternal womb. Secondly, this space surrounded by a wall is connoted as a *hortus conclusus*, that is a garden, a theme that has been present in contemporary art, even if not in a very showy, ostentatious, evident manner, but almost in secret. The *hortus conclusus* is the iconography of a place linked most of all to the Virgin Mary and the garden is one of the symbolic images attributed to her, for example in the iconography developed after the Council of Trent. Even before the Reformation an image appeared in the French Books of Hours, which later became very popular and propagated by the Counter-reformation, of the Immaculate Conception (a dogma sanctioned much later) the Virgin surrounded by symbols of the litany: the lily, the rose, the palm, the moon, the starfish (as Mary was called *Stella Maris*), the door, the unblemished mirror, the fountain, the well of running water, the fenced garden, while God in heaven contemplates the virgin child of His thoughts, born before the beginning of time'. And then the garden is where a very important event for the Catholic religion occurs: the *Annunciation*. Often in the pictorial tradition of the *Annuciations* there is behind this *hortus conclusus* a closed door which alludes to Mary's virginity and which was drawn on, for example, by Marcel Duchamp in *Etant donnés*, where we spy, through a closed door, the female figure which is always in some way the figure of the Virgin, even if in the work of Vettor Pisani it is joined with that of the porno star. As the theater is contemporaneously the place of meditation, philosophical theater and variety show, fashion show, thus the female figure who dwells there is at the same time the sacred figure of the Virgin and the profane figure of the stripper.

Angels

As God made the world in His image and likeness, so Vettor made this house in his image and likeness. And as there is nothing casual in a work which seems to make Chance its tutelary deity, I was most struck by a series of coincidences when speaking with Giuliana Setari who brought me here and showed me these places. She told

mi ha colpito moltissimo una serie di coincidenze, anche parlando con Giuliana Setari che mi ha condotto qui e mi ha illustrato questi luoghi. Mi raccontava ad esempio che i cognomi dei proprietari legati a queste cave hanno tutti a che fare in qualche modo con una sorta di genealogia celeste: Paradiso, Dei, Giganti... All'ingresso, entrando, noi troviamo sette pietre e il *sette*, come è noto, è un numero magico, base del procedimento alchemico come somma del tre e del quattro, cioè del maschile e femminile, è quasi un numero androgino. Sono ormai molti anni che Vettor lavora sulla ricerca del nome, il sacro nome di sette lettere che inizia con la lettera G. Queste sette pietre che erano state abbandonate, accumulate, ammonticchiate si presentano di colore argentato e portano accoppiate queste teste, fusioni di alluminio, che hanno una doppia connotazione, angelica ed ermetica. La figura che si rappresenta con le ali attaccate direttamente alla testa è quella del *cherubino*[2], che nelle gerarchie angeliche è una delle più vicine a Dio ed è simbolo della chiara intelligenza e della preveggenza. Ad esempio tutti conosciamo in Vaticano una delle sculture giovanili di Michelangelo, la *Pietà* che a un certo punto fu sfregiata da un certo Lazlo Toth, un'opera che certo non si ascrive al periodo del non-finito michelangiolesco, ma al contrario a quello che qualcuno ha chiamato del troppo-finito con una levigatezza delle forme purissima, assolutissima e perfettissima. Argan ha notato il fatto che il Cristo è adagiato sul grembo della Vergine come se fosse un bambino e che la Madonna sembra *pre-vedere* il tragico epilogo della vita di suo figlio precisando che di ciò è simbolo il cherubino sulla veste di Maria. I cherubini, fra l'altro, sono i custodi del Paradiso Terrestre dopo la cacciata di Adamo ed Eva; ciò connota sempre più questo luogo come Eden-giardino. Come l'angelo, Hermes ricopre analoga funzione di messaggero. Oltre a essere messaggero degli Dei, nella tradizione classica egli è anche psicopompo, accompagna cioè le anime all'aldilà, ma ha anche il ruolo (ne parla De Chirico in un bellissimo brano di *Ebdomero*) di oniropompo, colui che induce i sogni. Nel tema dell'annuncio dunque si fondono le due figure e questo ci riporta sul terreno delle *Annunciazioni*. Ricordiamo che nel film *Teorema* di Pier Paolo Pasolini, Ninetto Davoli che interpreta il postino si chiama appunto Angiolino.

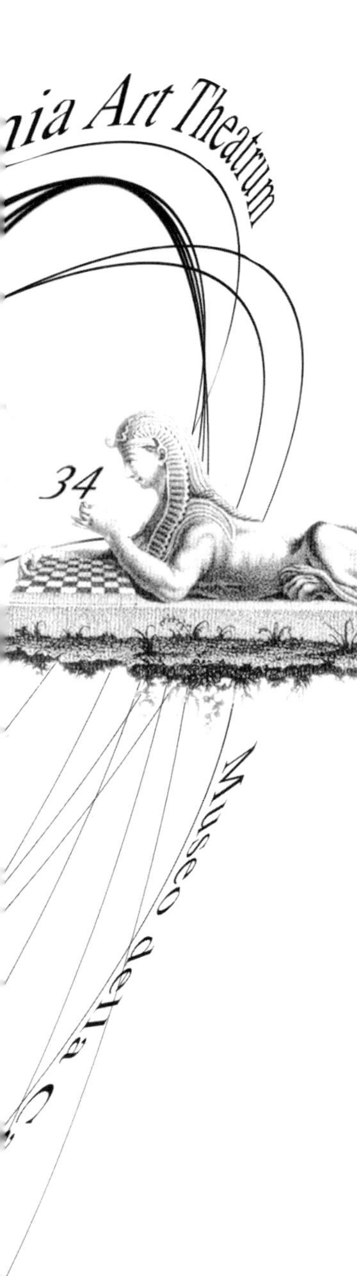

me for example that the surnames of the owners linked to these quarries have all got something to do with a type of celestial genealogy: Paradiso, Dei, Giganti . . . (the Heavens, the Gods, the Giants . . .). At the entrance we find seven stones. *Seven*, as is well known, is a magic number, the basis of the alchemic process – the sum of three and four, that is of male and female. It is thus an almost androgynous number. Vettor has been working for many years researching the name, the sacred name of seven letters beginning with the letter G. These seven stones which were abandoned, heaped up, piled up are silver in color and carry this pair of heads, cast aluminum, which have a double connotation, angelic and hermetic. The figure represented by wings attached directly to the head is that of a cherub[2], which in the hierarchy of angels is one of the closest to God and is a symbol of clear intelligence and foresight. We all know of a sculpture of the young Michelangelo, the *Pietà*, in the Vatican, which a few years ago was damaged by a certain Lazlo Toth. This is not a work, which could be ascribed to Michelangelo's non-finished period, but on the contrary to that which someone has called too finished with a smoothness of the most pure, most absolute and most perfect forms. Argan noted the fact that Christ is lying on the Virgin's lap as if he were a child and that the Madonna seems to foresee the tragic epilogue of the her son's life and he stated that the cherub on Mary's dress is a symbol of this foresight. As with the angel, Hermes fulfills the analogous function of messenger. As well as being the messenger of the gods, in the classical tradition he is also *psicopompo* and thus accompanies the souls to the beyond, but he also has the role (De Chirico speaks of this in a beautiful piece in *Ebdomero*) of oniropompo, he who induces dreams. The two figures, therefore, are based on the theme of the announcement and this takes us back to the zone of the Annunciation. We recall that in Pier Paolo Pasolini's film *Teorema*, Ninetto Davoli, who plays the part of the postman, is called Angiolino.

Vergini

Davanti abbiamo una sorta di *stagno*, forse quello stesso stagno che Mimma Pisani, in un suo libro di poesie[3] definisce sia come *aureo* che come *ombromane* (ancora una doppia lettura di uno stesso elemento). Questo stagno costituisce una sorta di grande oscura macchia e proprio il tema della *macchia* fa da filo conduttore all'installazione nel modo che vedremo più avanti. Nella gamma dei molteplici livelli di lettura il segno svela la consueta doppiezza: si tratta di acqua lustrale, cerimoniale, in qualche modo è possibile il riferimento più specifico all'acqua della simbologia cristiana, al tema del battesimo, della rinascita alla vita; ma al tempo stesso un'acqua inquinata, che allude cupamente alla catastrofe ecologica in agguato. Di qui si passa in un piccolo ambiente chiuso attraverso una grata rossa, color sangue, una grata che è una soglia, la soglia del passaggio da non iniziato a iniziato, ma anche del passaggio da *vierge à mariée*. È anche un *setaccio*, e proprio in quel *Grande Vetro* di Marcel Duchamp il cui titolo esatto è *La mariée, mise à nu par ses célibataires, même*, appare l'elemento dei setacci, non solo, ma la regione dei setacci fa parte di una zona più ampia in cui è stato individuato un tracciato labirintico, alla fine del quale apparivano, nel progetto completo di Duchamp, un elemento a spirale detto *toboga* (ed è la spirale la matrice formale del labirinto) e inoltre il *mandala* che è formazione simbolica analoga al labirinto nella cultura orientale. Ambedue alludono al *regressus in uterum*, al desiderio, che è di tutti, di ritorno alla felice condizione intrauterina cui allude anche la figura di Edipo, sempre presente nel lavoro di Pisani. Edipo, colui che è tornato nel ventre materno, ha realizzato questa aspirazione collettiva, pagandola, però, ad alto prezzo con la propria cecità. E a proposito di questa *soglia/grata/setaccio* mi viene in mente che il più famoso ritratto di Elisabetta I, la regina d'Inghilterra passata alla storia come la Regina Vergine, si chiama il *Ritratto del Setaccio*, ne parla la Yates in un libro stupendo, *Astrea*[4].

C'è poi la luce rossa (ancora un richiamo alla pornografia) che crea una macchia di colore rosso e qui il rimando è senz'altro a un'opera di Francis Picabia che si chiama proprio *La Sainte Vierge* ed è composta molto efficacemente e sinte-

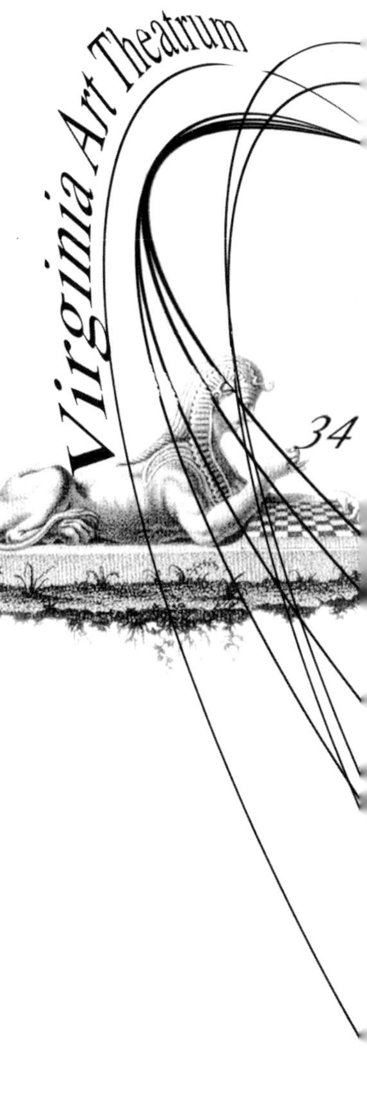

Virgins

Before us we have a sort of *pond*, perhaps that same pond that Mimma Pisani, in her book of poetry[3] defines as both *golden* and *shadowy* (again a double reading of the same element). This pond forms a sort of large dark stain and it is the theme of *stains* which acts as conductor for the installation as we shall see later on. Within the range of the many levels of interpretation the sign unveils its usual double reading. It has to do with holy water, ceremonial water. In some way the more specific reference to the water of the Christian symbology, in the theme of the baptism, the return of life is possible. But at the same time it is polluted water, which alludes darkly to the ecological disaster lying in wait. From here, one passes into a small closed area through a red, a blood-red grating, a grating that is a threshold, the threshold of the passage from non-initiate to initiate, but also from *vierge* to *mariée*. It is also a sieve. In Marcel Duchamp's *La mariée, mise à nu par ses célibatairs, même*, the element of a sieve appears. But not only, the region of the sieves is part of a wider area in which the trace of a labyrinth has been identified, at the end of which, in Duchamp's complete project, a spiral element called a *toboga* appeared (the spiral is the formal matrix of the labyrinth). Furthermore in Eastern cultures, the *mandala* is the symbolic formation analogous to the labyrinth. Both allude to the *regressus in uterum*, to every person's desire to a return to the happy inter-uterine condition, to which the figure of Oedipus also alludes, Oedipus who is always present in Pisani's work. Oedipus, he who returned to his mothers belly, realized this collective aspiration, but paid a high price for it with his sight. And in relation to this *threshold/grating/sieve* I am reminded that the most famous portrait of Queen Elizabeth I, the queen of England who passed into history as the Virgin Queen, was called the *Portrait of the Sieve*, Yates speaks of this in his great book, *Astrea*[4].

Then there is the red light (yet another reference to pornography) which creates a red colored mark. Here the reference is without doubt to a work of Francis Picabia entitled *La Sainte Vierge* which is made up very efficiently and synthetically of a stain, also having a blasphemous value

ticamente da una macchia, con valenza anche blasfema (ma anche in Picabia c'è sempre il doppio significato). Questa immagine di Picabia è anche molto amata e molto citata da un altro artista contemporaneo, Giulio Paolini, e compare in numerosi suoi lavori. Ci sono inoltre la semicroce rossa, la pompa, cioè il meccanismo che rimette in funzione sempre tutto il sistema e l'apertura a semicroce nel muro che introduce in un altro ambiente. Qui invece le grate sono nere e Pisani esibisce un'autocitazione da un suo particolarmente significativo lavoro, *Lo scorrevole*, in cui una donna nuda, con un collare, veniva fatta scorrere lungo un binario orizzontale. Ci sono infine i grandi cerchi e il lavoro con l'isola che è sempre comunque *L'Isola dei Morti*. Molto efficacemente Giorgio Verzotti ha chiamato quest'opera il primo "collage" della storia dell'arte e vorrei ricordare, tra i vari riferimenti che può avere avuto Böcklin (si parla delle isole del golfo di Napoli, di quelle greche, dei cipressi della Toscana...), uno veramente molto significativo. Arnold Böcklin ha vissuto molto tempo in Italia, in Toscana e a Roma, dove faceva parte del gruppo dei "Deutsch-Romer" e aveva sposato la diciassettenne Angiola Pascucci. La citazione quasi testuale riguarda il Cimitero degli Inglesi a piazza Donatello a Firenze, costruito su una specie di roccione su cui spuntano cipressi: qui è sepolta la bambina di Böcklin, morta a due anni. Non penso che Böcklin possa non aver pensato a questo luogo tra i vari riferimenti. Ecco, quindi, il fatto che Vettor abbia assunto un luogo preesistente non appiattisce, non riduce certo il suo lavoro, ma al contrario arricchisce il gioco dei significati e sembra realizzare una vocazione del luogo. Più avanti passiamo in un piccolo ambiente dove c'è una sorta di macchina celibe che assomiglia molto a quella che appare nella foto di Man Ray con Meret Oppenheim (utilizzata con felice cleptomania da Pisani per una delle versioni dello *Scorrevole*): una ruota della tipologia del volano, l'elemento meccanico che serve a superare i punti morti del sistema, a creare in qualche modo un eterno ritorno, la circolarità del serpente che si morde la coda.

Rose, Croci e Margherite

Come sempre nel lavoro di Pisani i nuovi riferimenti confermano gli antichi. In questo caso il principale nuovo

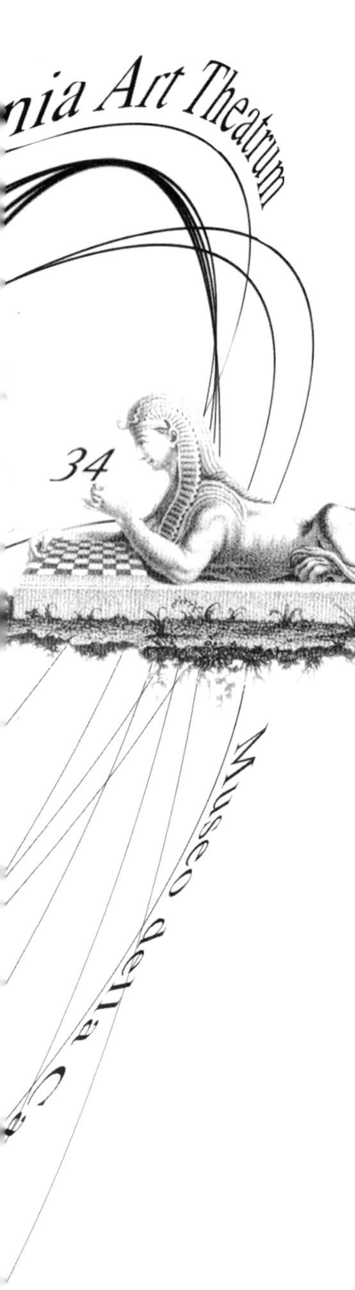

(but Picabia's work too, always, has a double meaning). This image of Picabia's is also much loved and often cited by another contemporary artist, Giulio Paolini, and appears in much of his work. Then there is the red semi-cross, the pump which is the mechanism which sets the system going and the semi-cross shaped opening in the wall which leads into another environment. Here, however, the gratings are black and Pisani quotes his own particularly significant work, *Lo scorrevole*, in which a woman naked but for a collar, is made to slide along a horizontal track. Finally, there are the big circles and the work with the island which is The Island of the Dead. Giorgio Verzotti most efficiently called this work the first "collage" of the history of art and I would like to recall one of the various references which Böcklin could have had (the islands in the Gulf of Naples, the Greek islands, the Tuscan cypresses etc are all spoken of) which was most significant. Arnold Böcklin lived for a long time in Italy, in Tuscany and in Rome, where he was a member of the group "Deutsch-Romer" and where he married the seventeen year old Angiola Pascucci. The almost textual quote relates to the English Cemetery in Piazza Donatello in Florence, built on a type of rock on which cypresses grow. Böcklin's daughter, who died at two years of age, is buried here. I cannot imagine that Böcklin did not consider this place to be amongst his various references. Therefore, that Vettor has taken on a pre-existing place certainly does not flatten or reduce his work, but on the contrary enriches the game of meanings and seems to fulfill a calling of the place. Further on we pass by a small area where there is a type of celibate machine greatly resembling that which appears in Man Ray's photograph with Meret Oppenheim (used with cheerful cleptomania by Pisani in one of the versions of *Scorrevole*): a wheel having the typology of a flywheel, the mechanical element used to by-pass dead points in a system, to create is in some way an eternal return, the circularity of the snake biting its own tail.

Roses, Crosses and Margaritas

As always in Pisani's work the new references confirm the old. In this case the principle new reference is *The*

riferimento è *Il Maestro e Margherita* di Bulgakov. È veramente sorprendente leggere questo libro in relazione all'opera di Vettor Pisani[5]. Si scopre così una numerosa serie di coincidenze (la cui origine è da rintracciarsi anche e soprattutto nella comune cultura esoterica): innanzi tutto l'inizio del racconto si svolge agli stagni Patriarsie e tutta l'atmosfera appare intrisa di umidi vapori e torbide acque[6]. Quando Margherita appare al Maestro, che sta leggendo l'articolo del critico Latunskij, egli la descrive così: "lei mi sorse davanti con in mano l'ombrello bagnato, e i giornali, pure bagnati", e poco più avanti: "Non appena ebbe fatto un passo nell'interno, si strinse a me, tutta bagnata, con le guance bagnate e i capelli disfatti, tremante"[7]. Fin dalle prime apparizioni dunque la protagonista rivela la sua appartenenza all'elemento dell'acqua. Nel lavoro di Pisani l'acqua è tema fondamentale e allude alla dimensione del femminile, alla figura materna, al narcisismo dell'arte, al rapporto ambiguo con la natura... La scena è sempre collocata su un'isola, microcosmo cinto di acque. La figura femminile che vi abita, la Vergine, è caratterizzata principalmente come Signora delle Acque. Come in *Thalassa* di Ferenczi la madre è simbolo del mare, ancor più del contrario. Nel suo sistema di corrispondenze basato sul numero quattro (i Quattro Santi Coronati, i costruttori che lavorano con la squadra e il compasso, il *Teatro di artisti e di animali* in analogia con i quattro elementi) Pisani ha attribuito a se stesso l'elemento dell'acqua.

Una successiva ambientazione del romanzo presenta un *Teatro di Varietà* dove si producono strani accadimenti e abbiamo visto che anche l'edificio ideale di Pisani ha funzione di teatro di varietà[8]. È presente inoltre, tanto nell'opera dello scrittore che in quella dell'artista, il tema degli animali. Abbiamo già ricordato che Pisani definisce il suo *R.C. Theatrum* (concepito sin dall'inizio come una vera e propria casa per le opere) un *Teatro di artisti e di animali* e nella struttura tetralogica ad esso sottesa i quattro poli sono in un primo momento occupati dalla tartaruga, dal coniglio, dalla gallina e dalla scimmia. In questo senso la casa-teatro si caratterizza anche come conigliera o pollaio, Eden miniaturizzato e domestico giardino zoologico (senza dimenticare che Hermes è anche patrono degli animali).

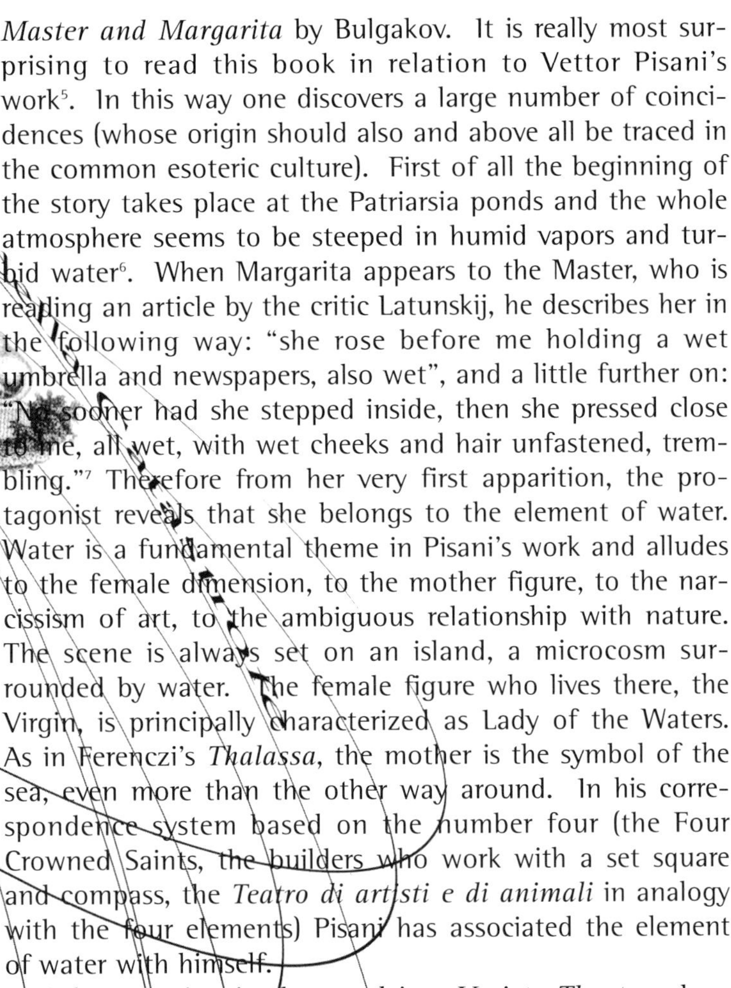

Master and Margarita by Bulgakov. It is really most surprising to read this book in relation to Vettor Pisani's work[5]. In this way one discovers a large number of coincidences (whose origin should also and above all be traced in the common esoteric culture). First of all the beginning of the story takes place at the Patriarsia ponds and the whole atmosphere seems to be steeped in humid vapors and turbid water[6]. When Margarita appears to the Master, who is reading an article by the critic Latunskij, he describes her in the following way: "she rose before me holding a wet umbrella and newspapers, also wet", and a little further on: "No sooner had she stepped inside, then she pressed close to me, all wet, with wet cheeks and hair unfastened, trembling."[7] Therefore from her very first apparition, the protagonist reveals that she belongs to the element of water. Water is a fundamental theme in Pisani's work and alludes to the female dimension, to the mother figure, to the narcissism of art, to the ambiguous relationship with nature. The scene is always set on an island, a microcosm surrounded by water. The female figure who lives there, the Virgin, is principally characterized as Lady of the Waters. As in Ferenczi's *Thalassa*, the mother is the symbol of the sea, even more than the other way around. In his correspondence system based on the number four (the Four Crowned Saints, the builders who work with a set square and compass, the *Teatro di artisti e di animali* in analogy with the four elements) Pisani has associated the element of water with himself.

A later setting in the novel is a *Variety Theater* where strange happenings occur. We have also seen that Pisani's ideal building functions as a variety theater[8]. Also present, both in the work of the writer and of the artist, is the theme of animals. We have already mentioned that Pisani defines his R.C. *Theatrum* (conceived from the beginning as true home for the works) as *Teatro di artisti e di animali* (Theater of artists and animals) and in its underlying tetralogical structure the four poles are first of all occupied by a turtle, rabbit, hen and monkey. In this sense housetheater is also characterized as a rabbit house or hen house, a miniaturized Eden and domestic zoo (without forgetting that Hermes is also the patron of animals). Bulgakov takes

Bulgakov riprende la tradizione letteraria di Esopo e La Fontaine degli animali parlanti e uno dei protagonisti del libro dalla trama complessa e antisistematica che si dipana su più piani è un gatto, Behemot, un gatto alchimista visto che stringe nelle zampe un fornello a petrolio. Quando viene ferito a morte e cade "languidamente" in una pozza di sangue, Behemot si salva proprio grazie a quel fornello: "L'unica cosa che può salvare un gatto mortalmente ferito – diceva ancora il gatto – è un sorso di petrolio – e approfittando della confusione, avvicinò la bocca all'apertura rotonda del fornello e tranguggiò il petrolio. Immediatamente il sangue che fluiva da sotto la zampa anteriore sinistra si arrestò"[9]. Dunque in questo umido mondo fantastico dominato dall'idea di fluidità (come nel microcosmo creato da Vettor Pisani) i liquidi si scambiano le parti: tanto il vino che il petrolio sono metafore del sangue, ma, con sottile inversione linguistica (un'anastrofe si direbbe nella retorica classica, ma anche un procedimento che abbiamo visto tipico di Pisani) il vino gaio regala la morte mentre il fosco petrolio rende la vita.

Nel più recente lavoro di Pisani ha fatto il suo ingresso la figura del gatto, piccola domestica Sfinge. In particolare ai gatti è dedicata la mostra del novembre 1996 a Roma da Zerynthia intitolata *Via Angelika Kauffmann. La strada perduta* nata dal desiderio di ripristinare l'antico nome (di nuovo la centralità del problema del nome) di una via adiacente alla Piramide Cestia, luogo già frequentato da Pisani nonché da una miriade di gatti che l'artista immagina raggrupparsi a formare un corpo unico, quello della Sfinge (loro nobile equivalente) quasi naturalmente evocata dalla citazione egizia della piramide. In quella occasione l'artista tiene una serie di "Lezioni filosofico-esoteriche sull'arte" proponendo come forma di pagamento l'acquisto di scatole di cibo per gatti (tre per le donne e quattro per gli uomini a formare il cabalistico trentaquattro) devoluto ai randagi della Piramide. La figura femminile, in questo caso la pittrice neoclassica, è di nuovo attorniata dagli animali.

"Sono invisibile e libera! Sono invisibile e libera!" è l'esclamazione di Margherita che apre il capitolo XXI intitolato "Il Volo"[10]. Il concetto di invisibilità ci riporta sicuramen-

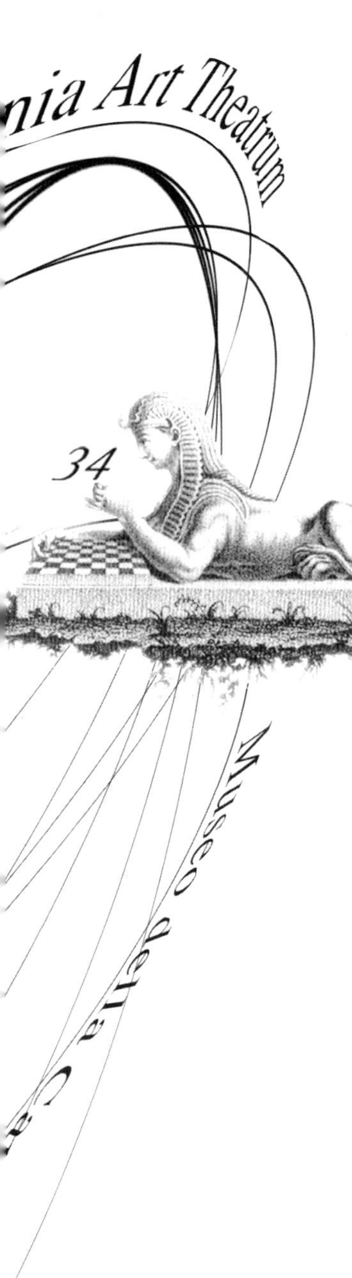

up Aesop's and La Fontaine's literary tradition of talking animals and one of the characters in a complex and anti-systematic piece which resolves itself on several levels is a cat, Behemot, an alchemist cat as he holds a little petrol oven in his paws. When he is mortally wounded and falls "languidly" in a pool of blood, Behemot saves himself thanks to that oven: "The only thing that can save a mortally wounded cat – said the cat – is a sip of petrol – and taking advantage of the confusion, brought the round opening of the oven to his mouth and gulped down the petrol. Immediately the blood which flowed from beneath his left back paw stopped"[9]. Thus in this fantastic humid world dominated by the idea of fluidity (as in the microcosm created by Vettor Pisani) the liquids change roles. Both wine and petrol are metaphors for blood, but with a subtle linguistic inversion (in the classic rhetoric one would say an anastrophe, but it is also a process which we have seen is typical of Pisani) bright wine brings death while the dull petrol brings life.

The figure of a cat, the small domestic Sphinx, has made its appearance in Pisani's more recent work. Zerynthia's exhibition in Rome in November 1996 was dedicated specially to cats. Entitled *Via Angelika Kauffmann. La strada perduta* was born from the desire to bring back the ancient name (once again the problem of the name being central) of a street adjacent to the Pyramid Cestia, a place long frequented by Pisani as well as by a myriad of cats which the artist imagined to be grouped so as to form a single body, that of the Sphinx (their noble equivalent) almost naturally evoked by the Egyptian reference of the pyramid. On that occasion the artist held a series of "Philosophic-esoteric lessons on art" proposing that the entrance fee be the purchasing of boxes of cat food (three for women and four for men to form the cabalistic thirty-four) to be given to the strays of the Pyramid. The female figure, in this case the neo-classical painter, is again surrounded by animals.

"I am invisible and free! I am invisible and free!" is the cry of Margarita which opens Chapter XXI entitled "The Flight"[10]. The concept of invisibility takes us with certainty to the rosicruscian theme which runs through all of Pisani's

te al tema rosacrociano che attraversa tutto il lavoro di Pisani (la rosa e la croce sono simboli iterati di iniziazione, le lettere R.C. indicano ellitticamente, ma inequivocabilmente l'associazione segreta dei "grandi invisibili", i tavoli di vetro e la definizione *teatro di cristallo* rimandano alla non visibile trasparenza), tema forse filtrato anche attraverso la pittura simbolista di fine Ottocento. Non estraneo inoltre è il tema del *volo*, connesso innanzitutto con la figura di Hermes, alato messaggero, e con la sua cristiana controfigura, l'angelo, e inoltre legato al mito del labirinto dentro il quale furono rinchiusi Dedalo, il suo costruttore, e suo figlio Icaro che tentarono di uscirne attraverso il volo rivelatosi poi pericolosissimo per Icaro che si avvicinò troppo al sole, con il risultato di sciogliere la cera che teneva insieme le piume delle ali, e cadde. A Dedalo è dedicato un lavoro di Pisani, una doppia ascia che evoca l'ascia bipenne che appariva sul labirinto di Cnosso.

L'altro riferimento, non inedito, ma recente, conferma ugualmente tematiche e iconografie precedenti. Si tratta della casa che Ludwig Wittgenstein costruì per la sorella Margherita (non a caso! più esattamente Margarete detta Gretl) il cui ritratto nuziale nel 1905 fu commissionato a Klimt. Qui il riferimento è non solo alla filosofia della trasparenza di Wittgenstein, ma al fatto che, come dice Monk[11], la casa di Margarete rifletteva in tutto e per tutto la sua personalità, un po' come ora la casa di Vettor è un po' lo specchio dell'artista e dell'opera. Ma penso che ci possa anche essere un riferimento al mondo delle favole, tante volte infatti abbiamo parlato con Vettor della fiaba di *Biancaneve e i Sette Nani*, minatori legati al tema alchemico, e della figura femminile che è solitamente al centro della favola e forse qui la fiaba giusta potrebbe essere quella di *Hansel e Gret(e)l*, sia per il consueto veicolo di contaminazione del nome, sia perché anch'essi abitano un bosco filosofico, ma anche perché al centro della loro storia è una casa. Nei confronti del fratello Ludwig Margarete agisce da catalizzatore sociale e da guida filosofica e culturale. Nel 1926, dopo una lunga separazione dalla famiglia, viene proposto a Ludwig un nuovo lavoro-terapia (come lo definisce Monk) dopo quello (a questo punto nulla mi appare più casuale) di *giardiniere*: la sorella

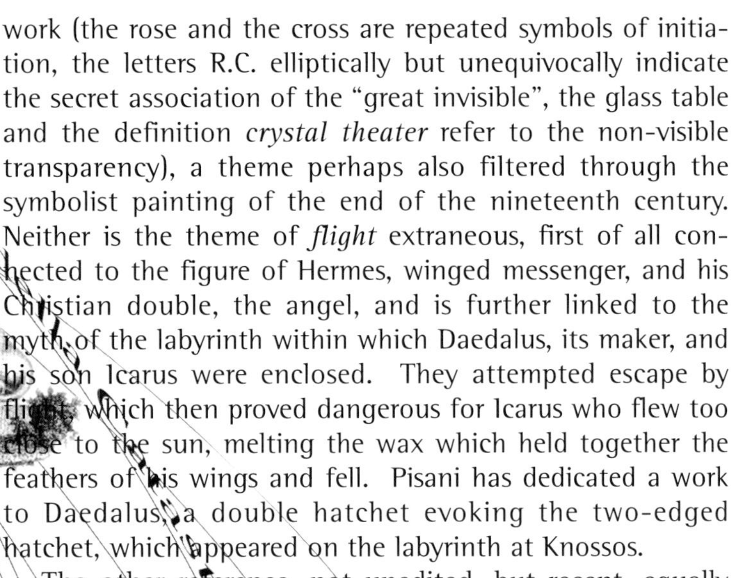

work (the rose and the cross are repeated symbols of initiation, the letters R.C. elliptically but unequivocally indicate the secret association of the "great invisible", the glass table and the definition *crystal theater* refer to the non-visible transparency), a theme perhaps also filtered through the symbolist painting of the end of the nineteenth century. Neither is the theme of *flight* extraneous, first of all connected to the figure of Hermes, winged messenger, and his Christian double, the angel, and is further linked to the myth of the labyrinth within which Daedalus, its maker, and his son Icarus were enclosed. They attempted escape by flight, which then proved dangerous for Icarus who flew too close to the sun, melting the wax which held together the feathers of his wings and fell. Pisani has dedicated a work to Daedalus, a double hatchet evoking the two-edged hatchet, which appeared on the labyrinth at Knossos.

The other reference, not unedited, but recent, equally confirms thematic and iconographic precedents. This is the house which Ludwig Wittgenstein built for his sister Margaret (not by chance! more exactly Margarete nicknamed Gretl) whose marriage portrait in 1905 was commissioned to Klimt. Here the reference is not only to Wittgenstein's philosophy of transparency, but to the fact that, as Monk states[11], the house of Margarete completely reflected her personality, a little like Vettor's house is a bit of a mirror image of the artist and his work. But I also think that there could be a reference to the world of fairy tales, and in fact many times we have spoken with Vettor about the tale of *Snow White and the Seven Dwarfs*, miners linked to an alchemic theme and the female figure who is usually the center of a fairy tale and here perhaps the correct one would be that of *Hansel and Gret(e)l*, both for the usual vehicle of name contamination, because they lived in a philosophical forest, and also because a house is the at the center of their story. With respect to her brother Ludwig, Margarete acted as a social catalyst and philosophic and cultural guide. In 1926, after a long separation from the family, a new work-therapy (as it has been defined by Monk) was suggested to Ludwig, after that of *gardener* (at this point nothing seems to me to be more casual). His sister Gretl and friend Paul Engelmann asked him to partici-

Gretl e l'amico Paul Engelmann gli chiedono di partecipare
al progetto della nuova casa, cimentarsi con la prima
(secondo Hegel) delle arti, l'architettura. Dichiara
Engelmann: "Lui fu l'architetto e non io, tanto che, sebbe-
ne i progetti fossero materialmente pronti prima che si
associasse all'impresa, ritengo che questa sia in definitiva
da attribuirsi più a lui che a me". Wittgenstein rileva i limiti
della sua attività di *architetto* – "la casa per Gretl è il prodotto di un orecchio certamente molto fine e di *buone*
maniere, l'espressione di una grande *comprensione* (una
civiltà ecc). Manca tuttavia la vita primordiale, la vita *sel-*
vaggia che vorrebbe trovare uno sfogo. Si potrebbe anche
dire, quindi, che manca la *salute*" – forse per modestia, ma
forse ancor più perché conscio di quanto aveva notato il
suo grande amico Bertrand Russell e cioè che la sua creatività era nella filosofia. L'impegno di Wittgenstein tuttavia è
tale che, pur non avendo mai studiato architettura, l'inte-
stazione del progetto e anche della sua carta da lettere è
"P. Engelmann & L. Wittgenstein Architetti" e per anni
figura nella guida di Vienna come architetto professionista.
"Nella progettazione della casa si occupò in particolar
modo di finestre, porte, serrature e radiatori. Elementi di
dettaglio che non possono considerarsi marginali, perché è
proprio grazie a essi che una casa si distingue sottraendosi
alla banalità e all'insignificanza. La totale assenza di elementi decorativi di facciata conferiva all'edificio un'apparenza severa, mitigata unicamente dalle gradevoli proporzioni e dalla studiata esecuzione delle forme studiate da
Wittgenstein"[12]. Margarete trasloca nella nuova casa alla
fine del 1928. Sono interessanti le osservazioni dell'altra
sorella Hermine, è lei a notare che la casa calza a Gretl
come un guanto: "Forse, l'esempio più eloquente dell'in-
flessibilità di Ludwig in merito all'esattezza di misure e
proporzioni lo fornisce il fatto che fece alzare di tre centi-
metri il soffitto di una stanza, dalle dimensioni di un grande salone, quando si era ormai giunti alla fase finale delle
pulizie... benché la casa suscitasse la mia ammirazione,
avvertivo che mi sarebbe stato impossibile abitarla. Mi
sembrava una dimora più adatta agli dei che non a una
comune mortale come me, e in primo luogo avrei dovuto
superare un vago senso di rifiuto interno a quella che chia-

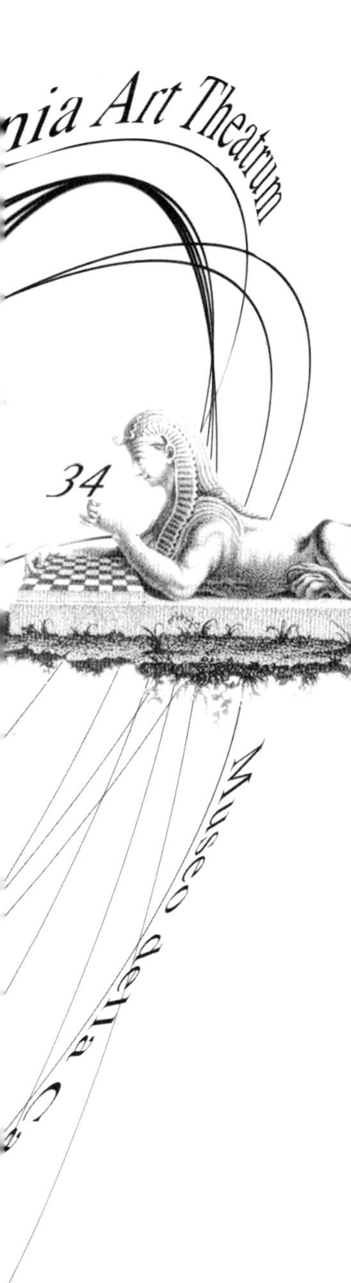

pate in the design of the new house, to test himself with the first (according to Hegel) of arts, architecture. Engelmann declared, "he was the architect not I, to the point that if the project was materially ready before he associated himself with the enterprise, I think that this is definitely to attribute to him rather than to me". Wittgenstein revealed the limits of his *architectural* activities – "Gretl's house was the product most certainly of a fine ear and of *good* styles, the expression of a great *understanding* (a civilization etc). Nevertheless it lacks primordial life, a *savage* life that would want to find an outlet. One could also say therefore that it lacked good health" – perhaps out of modesty, but perhaps more because he was conscious of that which had been noted by his great friend Bertrand Russell, that is, that his creativity was in philosophy. However, Wittgenstein's effort was such that, although never having studied architecture, the title block on the documentation carries the name "P. Engelmann & L. Wittgenstein – Architects" and for years he was listed in the guide books of Vienna as a professional architect. "In the design of the house he concentrated mainly on windows, doors, locks and radiators. Elements of detail which cannot be considered marginal, because it is thanks to these that a house is distinguished extracting itself form the banal and the insignificant. The total lack of decorative elements on the facade gave the building a severe appearance, mitigated only by the pleasing proportions and the careful execution of the forms studied by Wittgenstein"[12] Margarete moved into the new house at the end of 1928. The observations made by their other sister Hermine are interesting, she was the one to note that the house fitted Gretl like a glove. "Perhaps the most eloquent example of Ludwig's inflexibility in relation to the exactness of measure and proportions was the fact that he had the ceiling of a room raised by three centimeters, to the dimensions of a grand salon, when they had already arrived at the final phase of cleaning. . . . Although the house excited my admiration, I felt that it would have been impossible for me to live there. It seemed to me to be more suitable as a dwelling for the gods than for a common mortal like myself, and in the first place I would have had to overcome a vague sense of internal refusal of that which

mavo 'la logica incorporata nella casa'; cioè alla sua perfezione e monumentalità"[13]. È la misura a fondare la dimora divina. Durante la costruzione della casa della Kundmanngasse Wittgenstein ha una relazione, per quanto se ne sa l'unica della sua vita, con una studentessa svizzera di nome Marguerite (ancora!) Respinger, relazione favorita da Gretl con l'idea che avrebbe potuto "normalizzare" il fratello, forse proprio per la superficialità culturale della ragazza. Marguerite servì da modella per un busto scolpito da Wittgenstein e collocato da Margarete nella casa, che viene a essere posta così sotto il segno della doppia Margherita (Margarete/Marguerite). Ricordiamo che oltre alla protagonista del libro di Bulgakov, Margherita è anche il nome della sorella (guarda caso!) di Khnopff in posa in *Les Caresses* per quell'Edipo e la Sfinge, tanto spesso citato nel lavoro di Vettor Pisani. Dice Pisani che la cultura tedesca è "Margherita-croce"[14]. Margherita una e tante...

Epilogo: dalla catastrofe alla salvezza

Nella proliferazione e arricchimento continui di riferimenti tutto il lavoro di Pisani è attraversato come un *leitmotiv* dal tema di Edipo e la Sfinge ed è così una sorta di epopea della salvazione anche perché Edipo è una figura analoga al Cristo e come Cristo entra nella schiera degli eroi protetti dalla figura materna (c'è un bellissimo testo per la mostra del 1980 alla Salita di Mimma Pisani a questo proposito). Prima ho citato *Lo scorrevole*, un'opera in cui Pisani ha usato, come in gran parte del suo lavoro, il corpo. Quello di Pisani è un uso del corpo molto particolare, molto differenziato e distante rispetto a quello che ne hanno fatto molti artisti della body art in termini di violenza, sofferenza, aggressività, mentre Pisani fa del corpo un uso filosofico. È sempre un corpo glorioso, un *corpo radioso* quello che emerge dal lavoro di Vettor Pisani. La casa preserva il corpo da intemperie e aggressioni, è protezione, cura e conforto del corpo, è quindi veicolo di salute e salvezza. La casa di Serre di Rapolano, in particolare è come una navicella, un'arca (quasi un'arca di Noè, dimora di dei e animali) che naviga sicura sul rovinoso abisso della cava. Vorrei quindi concludere dicendo questo: anche se siamo nel *Museo della*

I called "the logic incorporated into the house; that is its perfection and monumentality".[13] It is the dimensions which establish the divine dwelling. During the construction of the house of Kundmanngasse, Wittgenstein had an affair which, as far as is known is the only one of his life, with a Swiss student called Marguerite (again!) Respinger, an affair which Gretl approved of, having the idea that it may have been able to "normalize" her brother, perhaps because of the cultural superficiality of the girl. Marguerite was the model for a bust sculpted by Wittgenstein and which Magarete displayed in the house, which was thus placed beneath the sign of the double Margaret (Margarete/Marguerite). We recall that as well as the protagonist of Bulgakov's novel, Margaret is also the name of the sister (strangely enough!) of Khnopff who posed for *Les Caresses* for the Oedipus and the Sphinx so often cited in the work of Vettor Pisani. Pisani says that German culture is "Margaret-cross"[14]. Margaret one and many . . .

Epilogue: from catastrophe to salvation

In the continual proliferation and enrichment of references, all of Pisani's work is crossed as if by a *leitmotiv* by the theme of Oedipus and the Sphinx and is thus a type of epic of salvation, also because Oedipus is a figure analogous to Christ and like Christ enters into the rank of heroes protected by the maternal figure (Mimma Pisani has written a beautiful text on this for the exhibition of 1980 at Salita). Earlier I cited *Lo scorrevole*, a piece by Pisani in which he used, as in many of his works, the body. Pisani uses the body in a very particular way, most different and distant with respect to that which many artist of body art have done in terms of violence, suffering and aggression. Pisani makes a philosophical use of the body. It is always a glorious *radiant body*, which emerges from Vettor Pisani's work. The house protects the body from bad weather and aggression, it is the care and comfort of the body, and is thus the vehicle of good health and salvation. The house of Serre di Rapolano, is in particular like a boat, an ark (almost Noah's ark, dwelling of gods and animals) which sails safely on the ruinous abyss of the quarry. I therefore

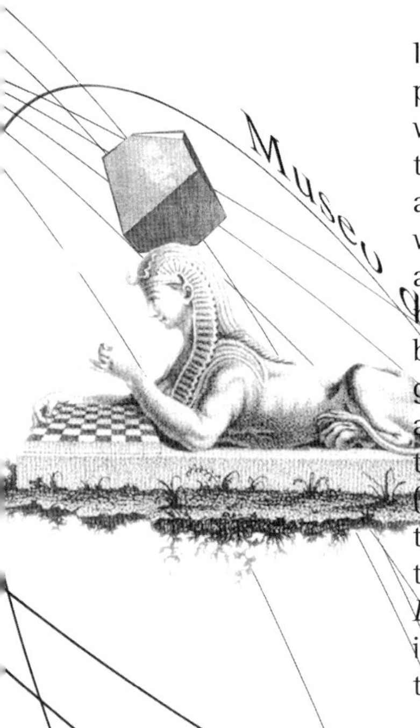

Catastrofe, questo teatro della catastrofe è in realtà un teatro della salvezza, attraverso l'arte.

---

1. Di questa iconografia (diffusa in Francia nelle vetrate) si impadronirono i pittori e esempi di questi attributi si trovano soprattutto in Italia (Cavalier d'Arpino e Bernardo Castello...) e in Spagna (El Greco, Murillo, Ribera...). Cfr. Emile Mâle, *L'arte religiosa nel Seicento*, Milano 1984, pp. 51-53.

2. Per proseguire nella serie delle coincidenze, anche se in genere non amo i protagonismi, non posso fare a meno di notare che io, che sono stata chiamata tra gli altri a presentare questa casa, mi chiamo Cherubini (evidentemente non raggiungo ancora l'altezza dei Serafini, la gerarchia immediatamente superiore e la più prossima alla divinità).

3. Mimma Pisani, *Aureo stagno. Diciotto variazioni sull'idea di stagno*, Bergamo 1992.

4. Si tratta di "Elisabetta nelle sembianze di Tuccia, la vergine vestale che compare, con il suo setaccio, nel Trionfo della Pudicizia petrarchesco" (Frances A. Yates, *Astrea. L'idea di Impero nel Cinquecento*, Torino 1990, pp. 137-143).

5. Michail Bulgakov, *Il Maestro e Margherita*, Torino 1996.

6. Più avanti, nel capitolo III si dice che "l'acqua dello stagno si era fatta nera", proprio come "l'acqua nera che puzzava di petrolio" in cui nuota Ivan nel capitolo intitolato "L'inseguimento", proprio come l'acqua cupa dello stagno di Pisani. Per tutto il romanzo si susseguono fiumi (p. 109), pioggia (p. 128), pozzanghere e uragani (pp. 294-5), temporali (pp. 109, 354, 364-5). Quando ritrova il Maestro, Margherita dichiara di avere passato "vari mesi in uno stanzino buio a pensare a una cosa sola, al temporale su Jerushalajim" (p. 257); agli occhi del Maestro viene attribuita una "luce pretemporalesca" (p. 360); quando vengono avvelenati dal vino di Azazello si diffonde un "buio temporalesco" (p. 361).

7. *Ibid.*, p.139 e segg.

8. *Ibid.*, pp. 101 e 145. Nell'ambito dello spettacolo di varietà troviamo altri elementi come la ribalta (p. 156), la coniglietta (p. 196), i giochi di prestigio (p. 215). Secondo la consueta antitesi ai giochi di prestigio corrisponde il tema della magia nera.

9. *Ibid.*, p. 334.

10. *Ibid.* p. 229. Nel suo catastrofico volo Margherita frantuma un pianoforte (altro arredo di R.C. Theatrum dove Pisani immagina un pianista che suoni musiche di Satie) e molti vetri (in quella che Pisani definisce "notte dei cristalli"). Nella sua teoria di associazioni Vergini-catastrofi Pisani cita una mortale macchina celibe, la ghigliottina, che era chiamata la Vergine (si potrebbero aggiungere un orribile strumento di tortura, la Vergine di Norimberga, e la stessa sedia

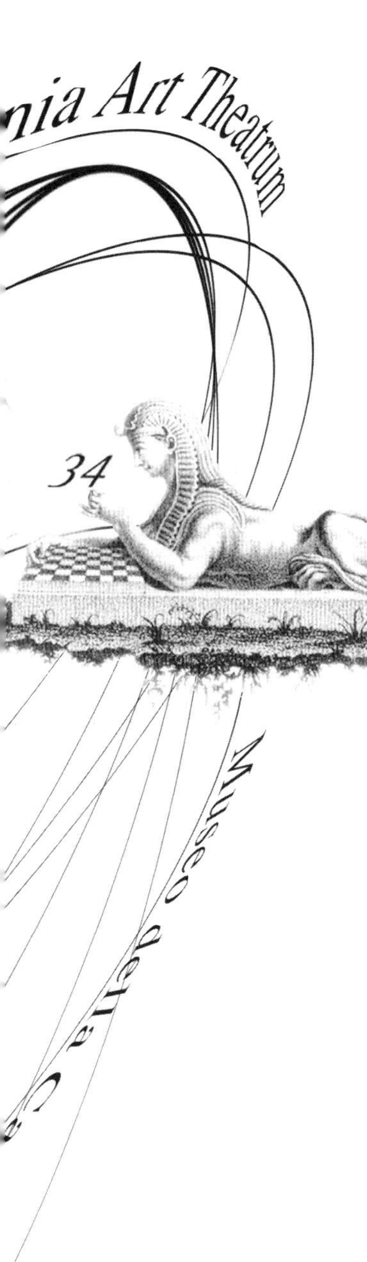

wish to conclude by saying this: even if we are in the *Museo della Catastrofe,* this theater of catastrophe is in reality a theater of salvation, through art.

---

1. Painters appropriated this iconography (common in French glass doors) and examples can be found especially in Italy (Cavalier d'Arpino and Bernardo Castello . . .) and in Spain (El Greco, Murillo, Ribera . . .). See Emile Mâle, *L'arte religiosa nel Seicento* , Milan 1984, pgs. 51-53.

2. To continue the series of coincidences, even if I usually don't like to be put in the limelight, I can't help but point out that, being among those invited to present this house, my name is Cherubini/Cherubs (I obviously haven't yet reached the level of the Serafini/Seraphs, the highest order of angels and the closest to God).

3. Mimma Pisani, *Aureo stagno. Diciotto variazioni sull'idea di stagno,* Bergamo 1992.

4. This refers to "Elisabeth looking like Tuccia, the vestal virgin who appears, with her sieve in Petrarch's Triumph of Modesty" (Frances A. Yates, *Astrea. The Imperial Theme in the Sixteenth Century,* London, Routledge, 1990 - it. ed. Einaudi, Torino.)

5. Michail Bulgakov, *The Master and Margarita,* San Antonio, Grove Press, 1987.

6. Further along in Chapter III he says that "the water in the pond had become black" just like "the black water that smelled like oil" where Ivan swam in the chapter entitled "The chase", precisely like the dark water of Pisani's pond. The entire novel is filled with rivers (p. 109), rain (p. 138), puddles and hurricanes (pgs. 294-295), storms (Pgs. 109, 354, 364-365). When she finds the Master she says to have spent "several months in a dark room thinking only about one thing, the storm over Jerushalajim" (p. 357); the Master's eyes are filled with a "pre-light storm" (p. 360); when they are poisoned by Azazello a "dark storm" arises (p. 361).

7. *Ibid.,* p. 139 and following pages

8. *Ibid.,* pgs. 101 and 145. In the sphere of the variety show, other elements are found such as the curtain call (p. 196), the rabbit (p. 196), magic tricks (p. 215). Black magic is the antithesis of the above mentioned magic.

9. *Ibid.,* p. 334.

10. *Ibid.,* p. 229. In her catastrophic flight, Margarita shatters a piano (another furnishing of R.C. Theatrum where Pisani imagines a pianist playing music by Satie) and a lot of glass (which Pisani defines as "crystal night"). In his theory of associations of the Virgin-catastrophe, Pisani cites a mortal celi-

elettrica, visto che Pisani considera il *Grande Vetro* di Duchamp come elettrizzazione della Vergine). Assumendo l'ottica di Vettor Pisani (quella di vedere le cose in chiave non naturalista) che legge come vasca mesmeriana la vasca dove muore il Marat di David, si potrebbe considerare in questo senso la vasca di sangue nella quale viene immersa Margherita prima della festa satanica, vasca a cui sono associati la rosa e il cristallo (p. 255), oggetti ricorrenti nel libro. Altra affinità tematica è quella del cerimoniale di messa a nudo (di matrice duchampiana per Pisani) che in Bulgakov è legato alla magia nera e alla metamorfosi della figura femminile in strega.

11. Ray Monk, *Wittgenstein. Il dovere del genio*, Milano 1991. Sulla casa pp. 237-239.

12. *Ibid.*, p. 238. Vettor Pisani ha più volte confutato l'idea che il minimalismo sia appannaggio americano rintracciandone le radici in Europa, in primo luogo proprio nell'atteggiamento di Wittgenstein che rifiuta il denaro come complicazione della vita, a Cambridge ha solo pochi mobili, è minimalista persino nella dieta e ama solo la sorella in una sorta di aspirazione all'economia del sangue, quella che Pisani individua sempre nel motivo ricorrente dell'incesto.

13. Ivi.

14. *Ibid.*, pp. 239-241. Il problema della nominazione in Pisani non è assolutamente casuale, accessorio o da sottovalutare: "Il nome è un dato reale, non una finzione. Esso dice qualcosa sull'essenza di chi lo porta, ne racchiude almeno in parte la potenza o addirittura si identifica con l'essenza stessa del nominato" (Gershorn Scholen, *Il Nome di Dio e la teoria cabalistica del linguaggio*, Milano 1998, p.19). I giochi di parole, come diceva Jarry, non sono giochi, sono corollari di questa concezione magica e religiosa. Essi sono ulteriori elementi che Pisani ha in comune con Wittgenstein il quale definisce i *language games* il modo più semplice con cui usiamo i segni (*Ibid.*, p. 335) insieme al tema della musica (Wittgenstein proveniva da una famiglia di musicisti e aveva molta sensibilità musicale; Pisani trasforma il corpo femminile in corpo musicale nel 1972 a Kassel suonando uno strumento sul corpo della propria sorella) e a quello del volo, già evidenziato per il libro di Bulgakov (in Inghilterra Wittgenstein, il grande dilettante, conduce esperimenti con i palloni aerostatici presso l'istituto di ricerca Glossop e c'è una foto che lo mostra all'opera, cfr. Agnese Grieco, *Wittgenstein*, Milano 1998, pp. 26-27 e fig. 4). Per un'altra curiosa coincidenza Margherita è anche il secondo nome di Giuliana Setari patrona della cava.

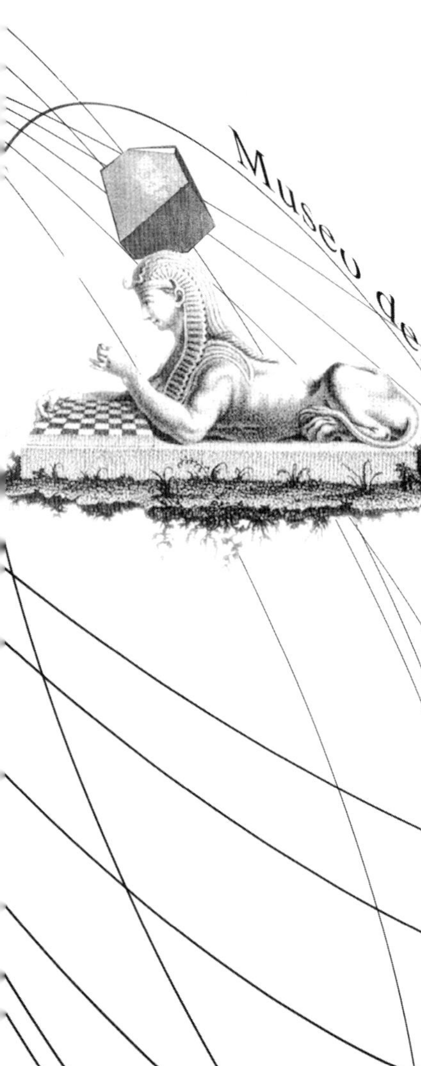

bate machine, the guillotine, which was called the Virgin (they could have added a terrible torturing device, the Virgin of Nuremberg, and the electric chair, given that Pisani considers Duchamp's *The Large Glass* as the electrification of the Virgin). Assuming the viewpoint of Vettor Pisani (seeing things not in a naturalist way) which reads as the Mesmerian tub where Marat's David dies. In this way one can consider the tub of blood in which Margarita is immersed before the Satanic party, tub in which the rose and the crystal are associated (p. 255), as recurrent objects in the book. Another thematic affinity is that of the ceremonial revelation (for Pisani a Duchampian matrix) which for Bulgakov is tied to black magic and to the metamorphosis of the female figure into a witch.

11. Ray Monk, *Ludwig. Wittgenstein. The Duty of Genius*, Penguin, Milan 1991.

12. *Ibid.* Vettor Pisani has repeatedly refuted the idea that minimalism is an American prerogative influenced by its European roots, which can be seen in Wittgensteins's refusal of money which he considers a complication to life. In Cambridge he doesn't have much furniture, he's even a minimalist in his diet and he loves only his sister in a sort of aspiration to econimize the blood relation, that which Pisani continually points out in the recurrent theme of incest.

13. *Ibid.*

14. *Ibid.*, pgs. 239-241. The problem of naming for Pisani is not at all random, additional or to be underestimated: "A name is a fact, it's not fiction. It says something about the essence of the person who carries it, containing, at least in part, the potential or even identifying itself with the essence itself of the person" (Gershom Scholen; *Il Nome di Dio e la teoria cabalistica del linguaggio*, Milan 1998, p. 197. Word games, as Jarry said, are not games at all, but are corollaries of this magical and religious concept. Other elements that Pisani has in common with Wittgenstein are language games, which Wittgenstein defined as the easiest way we have of using signs (*Ibid.*, p. 335) together with the theme of music (Wittgenstein came from a family of musicians and was himself very sensitive to music. Pisani transformed the female body into a body of music by playing an instrument on his own sister's body at Kassel in 1972). The theme of flight, already pointed out by Bulgakov (in England Wittgenstein, the great amateur, lead experiments with aerostatic balls at the Glossop Research Institute and there is even a picture of him at work, ref. Agnese Grieco, *Wittgenstein*, Milan 1998, pgs. 26-27 and ill. 4). Another strange coincidence is that Margherita, is also Giuliana Setari's middle name, the "patron" of the cave

Alcune considerazioni
sul concetto di Catastrofe
nel lavoro di Vettor Pisani

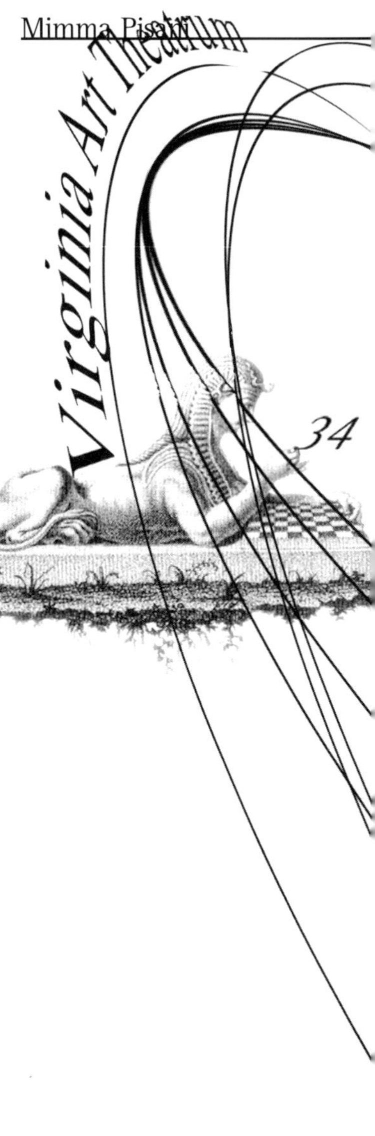

È Catastrofe quando l'immagine artistica, pur essendo
spoglia, severa, minimale accoglie comunque i segnali dolo-
rosi della storia, i miraggi del desiderio, gli elementi nebbio-
si della memoria, il cenno fulminante della rivelazione e i
temi si sdoppiano in parallelismi mentali e inversioni di
senso. L'opera fa da cerniera tra il variegato atto mentale e
l'esigenza formale. Coniuga rigore a complessità immagina-
tiva. È sotto la direzione di una dicitura forte quale quella
di Catastrofe che la laconicità dell'opera d'arte naturalmente diviene sbilenca, s'inclina, si rifrange, esplode.

La dissonante polarità del procedimento, certo funam-
bolico, fa dell'artista un visionario, il titolare di uno sguardo
dostoievskiano che "osa affacciarsi su entrambi gli abissi"
per contattare l'arcano nodo dell'essere, le sue biforcazioni,
le sue strade maestre. Eccoli, in tralice, i maestri delle biforcazioni e delle strade maestre evocati sovente da Vettor
Pisani: Goethe, Wittgenstein, Bulgakov. Costruiscono simil-
mente un irriducibile labirinto attorno al mito di Margherita, sono di scena, ancora una volta, l'enigma (la Sfinge) e
il percorso per occultare o disvelare l'enigma.

È Catastrofe quando la coscienza del trauma costringe
artista e fruitore al disorientamento percettivo. La muraglia
delle certezze è crollata. Ciò provoca strane scosse, muta-
zioni paradossali, fughe che sono in realtà ritorni. Sotto
l'influsso di una duttile energia creativa l'opera si protende
tra periodi spazio-temporali lontani tra loro, in simultaneità
globale, in un flusso, in un reticolo, a detta di Blanchot,
che è "un intreccio lagunare", "una nube di intermittenze".

L'ideale dell'opera piena, conclusa, armoniosa sfuma nel
circolare svolgimento dei segni dissonanti. D'altronde, il
pensiero circolare annunciato da Nietzsche non è contrario
al caos. La molteplicità frantumata delle cose con il suo
"disordine dall'apparenza infiammata" ospita gli Dei che

Some Considerations on the Concept of Catastrophe in the Work of Vettor Pisani

It is Catastrophe when the artistic image, even if stripped, severe, minimal, accommodates the painful signs of history, the mirages of desire, the nebulous elements of memory, the fulminating gesture of revelation and the themes split themselves into metal parallelisms and inversions of meaning. The work operates as a hinge between the variegated mental act and the formal necessities. Uniting rigor to imaginative complexity. It is under the direction of a strong dictate, such as that of Catastrophe that the laconism of the artwork naturally inclines itself, refracts itself, and explodes.

The dissonant polarity of the procedure, certainly funambulistic, makes the artist a visionary, the titleholder of a Dostevskian gaze that " shows itself on both abysses" to contact the arcane node of Being, its bifurcation, its main streets. Here, obliquely, are the masters of the bifurcation's and the main streets frequently evoked by Vettor Pisani: Goethe, Wittgenstein, and Bulgakov. They similarly construct an irreducible labyrinth around the myth of Margaret, another time, the enigma (the Sphinx) and the pathway to cover or discover the enigma are in the scene.

It is Catastrophe when the conscience of the trauma compresses together the artist and the exploiter of perceptual disorientation. The great wall of certainty has collapsed. This provokes strange shocks, paradoxical mutations. Escapes that are returns. Under the influence of a ductile creative energy the work stretches between distant spatial-temporal periods, global simultaneity, in a flux, in a network, in the words of Blanchot that is a "lagoon-like interlacing", "a cloud of intermittence".

The ideal of the full work, enclosed, harmonious evaporates in the circular unwinding of dissonant signs. On the other hand, the circular thought announced by Nietzsche is not contrary to chaos. The shattering multiplicity of things

giocano ai quattro angoli della terra (gli Hermes). Ciò che si immagina inviolato (verginità della natura, del sacro, del potere assoluto) è stato, in alcuni casi, anche giustamente, violentato e si trasforma in profondità aperta, in corpo solcato da fessure, da schegge, da lacerazioni ed esplosioni.

In questo "tempo uscito dai cardini" ci si ritrova a guardare con pignoleria agli interstizi, alle fratture, ai tagli, alle voragini, alle trincee rosso cupo, agli sconquassi della pietra picconata, sconciata, scissa, frantumata, grande metafora della Catastrofe offerta dal paesaggio circondante la casa-museo di Vettor Pisani. Nel sovrapporsi cubico della massa-volume delle pietre si formano nastri ondulati di tenebre dove si immagina possano intrecciarsi vita e morte sotto l'imperativo di un qualche demone mescolatore. Dalle sfilacciature muschiose del travertino è, poi, come se colasse sangue brunito infiammato dai vasti fuochi che i tramonti accendono per chilometri frattalici di nuvole e di cielo sopra le cave. Verso sera, in questi solchi, si gettano, dopo gazzarre sonore e rituali gerarchici frotte di cornacchie furibonde e luciferine. Il mito, nell'insieme, è sostanzialmente il simbolo del ventre della terra trivellato, divelto, scavato caoticamente dall'uomo per decenni, divenuto in seguito, deposito di mastodontici scogli affastellati a caso tra un accumulo di materiali eterogenei in stato di fatiscente abbandono. Massi, rupi, schegge, isolotti composti da strati di rifiuti, di immondizie, di avanzi, di detriti, di rottami naturali e tecnologici con al centro della capricciosa geometria, come ombelico, soglia degli Inferi, sparti-caos, una pozza d'acqua stagnante bluastra a forma di semi-croce.

Il caso incarna alla perfezione il progetto artistico, l'assillo dell'artista per la ricerca del suo luogo junghiano della coscienza, immaginato a priori. Non resta che prenderne atto e guardare stupiti. L'arte difficilmente può competere con la precisione, l'orrore, l'esagerazione della realtà. Bisogna, allora, che la supremazia dell'artista derivi da una sua particolare ossessione che, immancabilmente, gli fornisce pre-visioni, pre-veggenze che si trasformano nelle personali rappresentazioni anticipatrici della sorprendente frammentarietà del reale.

È Catastrofe quando in un'opera le quote di eros e thanatos sono eccedenti. Dagli smembramenti originari di

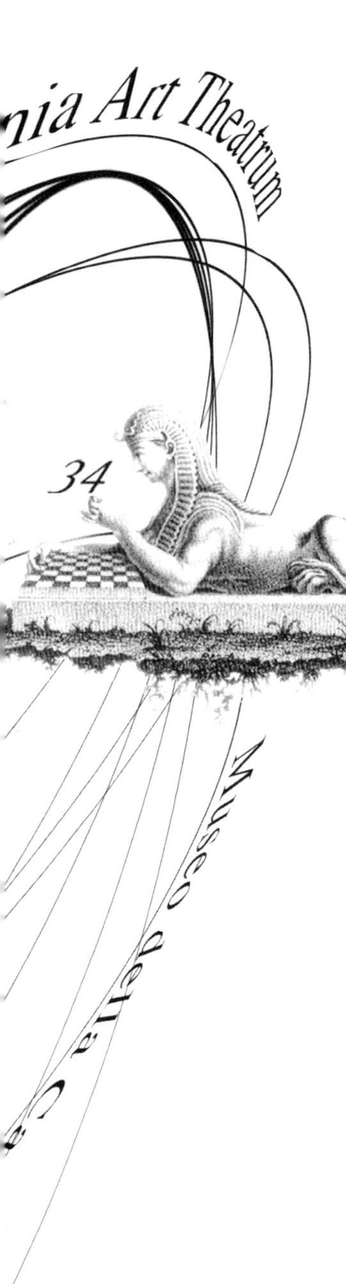

with its "disorder of inflamed appearances" hosted by the gods that play in the four corners of the earth (Hermes). That one imagines untouched (the virginity of nature, the sacred, absolute power) has been in some cases, also justly, violated and it transforms itself into a deep opening, in body furrowed by fissures, shards, lacerations and explosions.

In this "time without foundations" one finds oneself looking fastidiously at the interstices, at the fractures, at the cuts, at the chasms, at the dark red trenches, at the confusion of the hewn rock, the wreckage, splittings, shivers, great metaphors of the Catastrophe offered by the landscape surrounding the house-museum of Vettor Pisani. In the cubic super-impositions of the mass-volume of the stones there form undulating ribbons of darkness where one imagines life and death can interweave under the imperative of some mingling demon. From the mossy fraying of the travertine is, then, like dripping burnished blood inflamed by the vast fires that the setting sun lights up for fractal kilometers of clouds and sky above the quarry. Towards evening, after sonorous tumults and ritual hierarchies crowds of furious crows and demons throw themselves into these furrows. The myth in its entirety is substantially the symbol of the innards of the earth, drilled, furrowed, chaotically excavated by man for decades, becoming subsequently, depot of gigantic rocks casually mounded between an accumulation of heterogeneous materials in a state of crumbling abandonment. Blocks, rocks, shards, islets composed of strata of refuse, rubbish, leftovers, detritus, natural and technological wreckage with at the center of the capricious geometry, like an umbilicus, threshold of the infernos, sparti-chaos, a pond of stagnant bluish water in the form of a semi-cross.

The case incarnates the perfection of the artistic project, the urge of the artist to search for his Jungian place of the consciousness, imagined a priori. Nothing remains but to take note and to look on astonishingly. Art can compete with difficulty, with the precision, the horror, and the exaggeration of reality. It needs, then, the supremacy of the artist derived from his particular obsession that, unfailingly furnishes him forecasts, foresight that he transforms into the personal representations anticipating of the surprising fragmentation of the real.

Osiride, di Zagreus, di Dioniso, di Cristo, i misfatti della psiche si accumulano. La creazione s'incrina per dono di sapienza, per dono d'oblio e contiene: la voluttà sovrana, la dignità del mostro, l'innocenza della colpa, la vertigine del desiderio, la banalità quotidiana dell'incesto, la folle devastazione, il misfatto sociale di sorellanze e fratellanze troppo ravvicinate, le eresie, le apostasie, le astuzie, il delirio, la fatalità, il destino caduco e mortale, le ombre, l'invasione dei simulacri, l'esilio, il deserto, le peregrinazioni, l'instabilità, le estromissioni, le cadute nel tempo alle estremità di Dio e del mondo, l'asfissia del tempo morto, l'annichilimento, lo stare incosciente nel baratro, nella stagnazione, nell'inerzia della storia. L'artista ha i connotati dell'uomo descritto da Cioran "scorticato, esaltato profeta... lanciato nell'apprendistato dell'altrove".

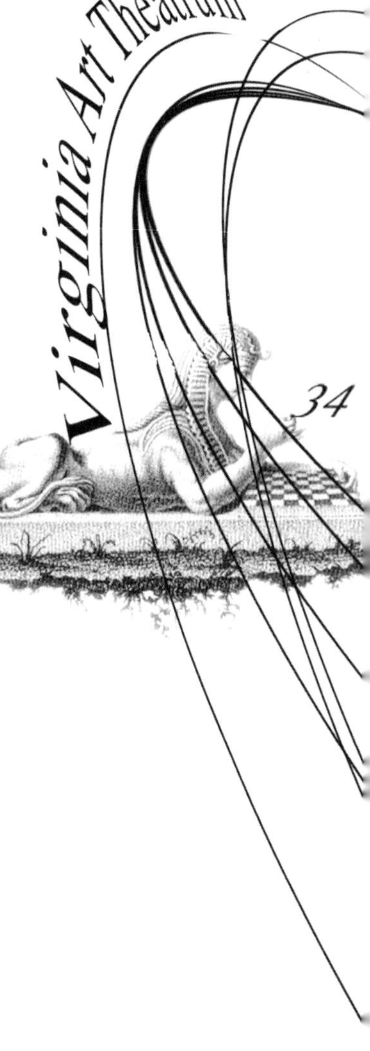

Catastrofe è starsene ai bordi, lungo i margini della realtà mentre il centro giganteggia, mentre il nietzschiano superuomo è travolto dagli eccessi, dalla supremazia del proprio immane volere.

L'uomo, in genere fragile, sventurato, imperfetto, "animale non ancora determinato", vuole, infatti, sino all'annientamento, al ridicolo, travolto dalla supervalutazione della potenza del proprio io. Nell'anticamera del disastro convengono Eroi e Patriarchi per inventare ed imporre gerarchie spirituali, schiavitù, sevizie, crimini, barbarie, strategie dell'oppressione, lotta e supremazia tra i sessi, terrori, divieti, leggi criptiche e come cauzione dell'infinito, suggerisce Luce Irigaray, un Dio che li aiuti a definire il proprio genere. Soltanto da una sensibilità femminile (dalla Pizia a Cassandra) e da alcune menti maschili avvedute nasce la cognizione della Catastrofe, il vacillare, lo slittare degli elementi verso stati di mutazione, di transizione, di cambiamento. Una condizione mentale androgina permette all'artista che ne è depositario di raccogliere un esercito sbandato, multiforme di spettri, di marionette, di mutanti, di androidi, di animali eterogenei, di giullari del nulla, mistici della negazione che rocambolano verso la fine del secolo.

Il concetto di Catastrofe promuove: il desiderio di commemorare, di rammemorare disastri estremi (il massacro nazista del popolo ebraico), di costruire una dimora, un luogo fondante della conoscenza. In questo caso, aver tro-

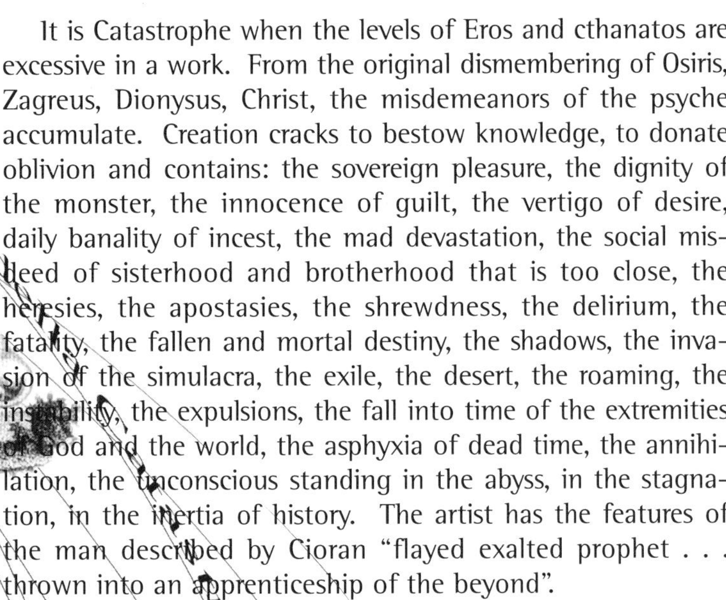

It is Catastrophe when the levels of Eros and cthanatos are excessive in a work. From the original dismembering of Osiris, Zagreus, Dionysus, Christ, the misdemeanors of the psyche accumulate. Creation cracks to bestow knowledge, to donate oblivion and contains: the sovereign pleasure, the dignity of the monster, the innocence of guilt, the vertigo of desire, daily banality of incest, the mad devastation, the social misdeed of sisterhood and brotherhood that is too close, the heresies, the apostasies, the shrewdness, the delirium, the fatality, the fallen and mortal destiny, the shadows, the invasion of the simulacra, the exile, the desert, the roaming, the insanibility, the expulsions, the fall into time of the extremities of God and the world, the asphyxia of dead time, the annihilation, the unconscious standing in the abyss, in the stagnation, in the inertia of history. The artist has the features of the man described by Cioran "flayed exalted prophet . . . thrown into an apprenticeship of the beyond".

Catastrophe is being on the edge, along the margins of reality while the center looms over, while the Nietzschean superman is overwhelmed by excess, by the supremacy of his own immanent will. Man, generally fragile, wretched, imperfect, "an as not yet determined animal", wants, even to the point of annihilation, to the ridiculous, overcome by the overvaluation of his power. In the antechamber of disaster heroes and patriarchs converge to invent and impose spiritual hierarchies, slavery, servants, criminals, barbarians, strategies of oppression, struggle and supremacy between the sexes, terror, prohibitions, cryptic laws and as guarantee against the infinite Luce Irigaray suggests a god that helps them define their own kind. Only from a feminine sensibility (from Phythia to Cassandra) and from some masculine minds was the awareness of Catastrophe born, uncertainty, the slippage of the elements towards states of mutation, transition, change. An androgynous mental condition permits the artist who acts as a repository to gather up the entire disbanded army, multiform of specters, marionettes, mutants, androids, heterogeneous animals, minstrels of nothingness, mystics of negation that roll towards the end of the century.
The concept of Catastrophe promotes the desire to commemorate, to recall extreme disasters (the Nazi massacre of the Jews), to construct a dwelling. A place founded on awareness.

vato e riadattato la casa sulle cave a Serre. Come lo Steinhof di Otto Wagner, come la casa di Malaparte a Capri, come la casa costruita da Wittgenstein a Vienna per la sorella. Domicili contrassegnati da "un'intensità di riconoscimento", al di fuori del tempo e dello spazio, *Abendland* originari tra le "stelle cadenti" e "le stirpi in disfacimento".

Il fornire all'intreccio della materia, all'intrico dei demoni un paio d'ali, la leggerezza del volo, lo statuto di angelo viaggiatore, sospeso, confuso, vacillante sulle cose come "gli Hermes ", "le Sfingi", "le pupazze" e "le papere" con le ali spiegate in un giro di luce, di libertà.

Il mistero pneumatico del respiro universale; la casa che a forma di pianoforte a coda sta protesa dentro una trama di suoni di acque e di vento. Nei locali del piano terra, come fondamento, e spirito vivificante trova posto un reale pianoforte a coda da cui dovrebbe partire il fraseggio monocorde e stillante del *Concerto per sola mano sinistra* di Ravel dedicato al fratello di Wittgenstein.

La produzione di collage formati da immagini di catastrofi storiche e da immagini citate dalla storia dell'arte che si fondono in spericolate e straniate entità, molto spesso sospese a ganci, occhielli, funi lattiginose, pendagli allarmanti disegnati su fondo nero. La produzione delle "sculture ortopediche" dove sulla stabilità della statua classica, in calco, predomina il braccetto farraginoso, l'attacco, l'appoggio, il piede d'alluminio che appartiene alla fusione del manufatto.

La mobilità dell'ironia, del paradosso, del motto di spirito. L'artista-clown si prende gioco del potere, della logica, della legge. Costruisce un mondo di visioni, di recite, di racconti, di leggende, di echi. "La verità a cui l'ironista, figliol prodigo, ritorna è una verità temprata dal pericolo del malinteso, dalle minacce dell'errore, dal gioco del contrario e del suo contrario." (Jankélévitch)

Non a caso questa dimora nata dall'insegna della papera-lepre (schizzo-rebus di Wittgenstein) è stata definita all'unisono da Vettor Pisani *Virginia Art Museum* e *Museo della Catastrofe*.

Solo la duttilità di uno spirito trapezista poteva conciliare l'indicibile aura della incorruttibilità e la contaminazione di un mondo categoricamente andato in rovina.

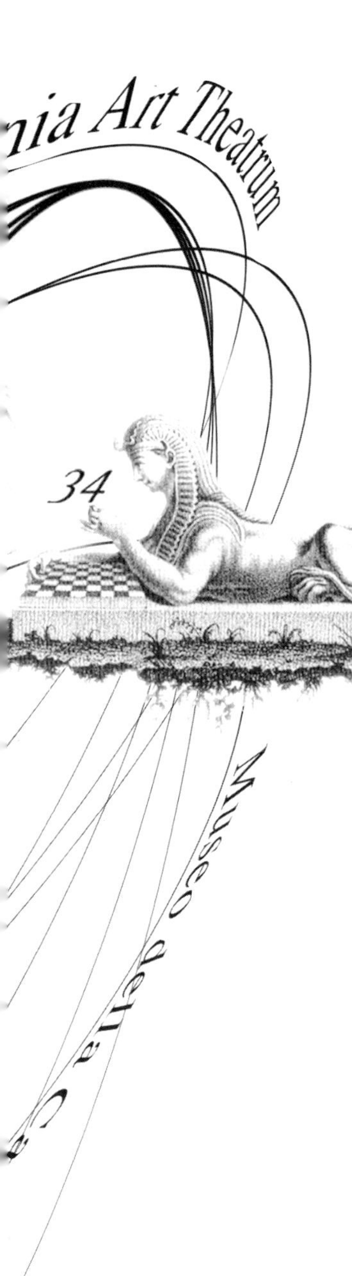

In this case, to have found and adapted the house in the quarry at Serre. Like Otto Wagner's Steinhof, like Malaparte's house in Capri, like the house Wittgenstein built in Vienna for his sister. Homes characterized by "an intense acknowledgement", outside of time and space, primary *Abendland* between "fallen stars" and "fallen nobility".

Supplying the interweaving of matter, the entanglement of demons a pair of wings, the lightness of flight, the statute of the travelling angel, suspended, confused, vacillating, tottering over things like "Hermes" "the Sphinx" "the puppets the ducklings with outstretched wings in a circle of light, of liberty.

The spiritual mystery of universal breath; the house that in the form of a grand piano stands outstretched in a weave of the sounds of water and wind. In the rooms on the ground floor, like a foundation stone and enlivening spirit, a real grand piano finds its place. From it the monotonous repetitive phrasing of Ravel's *Concerto for the left hand only* dedicated to Wittgenstein's brother should be emitted.

The production of collages formed by images of historic catastrophe and by artistic references that fuse in challenging and estranged entities usually suspended from hooks, eyelets, lacteous ropes, alarming pendants drawn on a black background. The production of "orthopedic sculptures" where the stability of the classic statue, in plaster predominates the confused, muddled, woolly brace, the attachment, the support the aluminum foot that belongs to the fusion of the hand-made object.

There is movement in the nature of irony, paradox and wit. The clown-artist plays with power, logic, and law. He constructs a visionary world made up of recitations, tales, legends, and echoes. "The truth to which the ironic prodigal son returns is a truth tempered by the danger of misunderstanding, the threat of error, by the play of the contrary and its contrary". (Jankélévitch)

Not by chance this dwelling, born from the lesson of duck-hare (sketch-rebus of Wittgenstein), has been defined, in Vettor Pisani's mission, the Virgina Art Museum – *Museo della Catastrofe.*

Only the ductility of a trapeze artist could reconcile the unpronounceable aura of the incorruptible and the contamination of a world that has categorically gone to ruin.

Lo sperimentare ossessivo del concetto (drammatico) di impurità, gemellato a catastrofe, l'evidenziare la macchia, le acque nere, infette, purulente, marce di rifiuti tossici spumeggianti, appartenenti secondo Durand, alle strutture notturne dell'immaginario, insieme alla poltiglia verminosa dei cimiteri, alla materia eteroforme del caos, al nero abisso della notte, ai fondi putrescenti degli scoli e degli stagni, senza, negli allestimenti e nelle dichiarazioni, abbandonare comunque poeticità ed ironia.

"La Vergine si lava con Omo" dichiara Vettor Pisani, non una frase calembour, decisamente, ironicamente misogina.

D'altronde tutte le regioni decretano che è la donna rappresentare l'impuro con il rosso flusso mestruale, con la raccolta del seme spermatico nel proprio ventre.

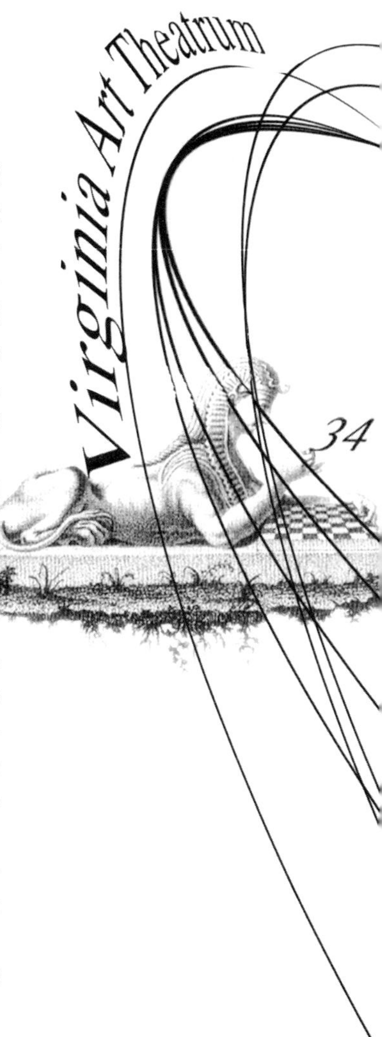

Ma bisogna ricordare che, in effetti, la donna è considerata impura, poiché non partecipa di quel matrimonio mistico tra Dio e l'uomo, che, solo in realtà, purifica macchie e peccati, essendo la donna (e questo l'antropologa Ida Magli lo enuncia con fermezza) soltanto una figura mediatrice tra l'uomo e il suo Dio.

Aggiungo essere proprio questa collocazione, ontologicamente marginale, il vero scandalo, l'ingiustizia razziale per eccellenza di tutti i tempi.

Ma torniamo alla Vergine, la Vergine è pura poiché non è contaminata dallo sperma, è dunque casta, celibe, androgina.

Nella ondulata circonferenza della Macchia, precipitano illusioni e sogni di perfezione, desiderio di immortalità, mondo organico e inorganico, la paradossale Vergine a macchia di Picabia, gli oceani zebrati di petrolio, le macchie di colore vorticosamente scagliate sulle pareti di una stanza.

Il paesaggio che circonda la casa è struggente ma attenzione, nella vasca-stagno del giardino, contenuta dentro una macro-busta di plastica nera, l'artista ha realizzato una macchia di schiuma saponina. Il binomio bianco-vergine, nero-stagno impurità, ha prodotto un'immagine senz'altro allarmante.

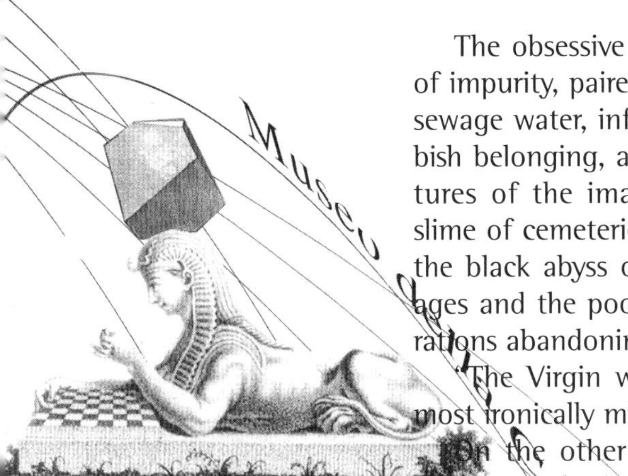

The obsessive experimentation with the dramatic concept of impurity, paired with catastrophe, to evidence the blemish, sewage water, infected, purulent, signs of frothing toxic rubbish belonging, according to Durand, to the nocturnal structures of the imagination, together with the worm ridden slime of cemeteries, to the heteromorphic matter of chaos, to the black abyss of night, to the putrid depths of the drainages and the pools, without, in the display and in the declarations abandoning poetics and irony.

"The Virgin washes with Omo" declares Vettor Pisani, a most ironically misogynistic pun.

On the other hand, all the regions decree that woman represents the impure with her red menstrual flux, with the harvest of spermatic seed in her belly.

But I'd like to recall that woman is considered impure. Because she does not participate in the mystic marriage between God and Man, which is the only thing that really purifies blemishes and sins. Woman (as the anthropologist Ida Magli states with determination) is merely a mediating figure between man and his God.

I must add that this arrangement, ontologically marginal, is the true scandal, racial injustice par excellence of all time.

But let us return to the Virgin. The Virgin is pure because she is not contaminated by sperm and is therefore chaste, celibate, androgynous.

In the undulating circumference of the Stain there falls, illusions and dreams of perfection, desires for immortality, organic and inorganic worlds, Picabia's paradoxical blemished Virgin, the oceans striped with petroleum, the vortically colored stains flung against the walls of a room.

The landscape that surrounds the house is wrenching but I'd like to point out that, in the tub-pond of the garden contained inside a black plastic macro-bag the artist has made a stain of soap bubbles. The opposing white-virgin, black-impure pond has produced an image that is doubtlessly alarming.

Vettor Pisani
Désordre sacré/Désordre profane ou Le Doute du Langage

Il est singulier de trouver dans la biographie de Vettor Pisani la préfiguration d'un modèle formel qui traversera son œuvre entière. Il suffit de lire ces premiers mots nous décrivant l'artiste: "germaniste, théologue, architecte, compagnon de Rose-Croix, fils d'un officier de marine et d'une ancienne strip-teaseuse"... pour déceler dans ces données hétérogènes, des principes d'interférence et d'antinomie qui se révéleront curieusement complémentaires dans son travail plastique.

Entre intemporel et actuel, savant et joueur, "noble" et "trivial", l'artiste érige une suite de topographies tel l'Aleph d'un passé où déjà pénètrent les intempéries de demain. L'artiste qui a parcouru l'Europe (Allemagne, ex-Tchécoslovaquie, Autriche, Pologne) a pu sembler se tenir à l'écart des mouvements avant-gardistes sans toutefois les ignorer. "Détaché mais non distant du monde"[1], il peut être défini comme ce lecteur-artiste dont le recours à la référence constitue la substance de l'œuvre. Inévitablement pénétré d'un enseignement initiatique qu'il reçut d'un maître de Rose-Croix, Pisani partage en deux faces cet art du symbole et trouve dans le monde "profane" un lieu privilégié d'observation. La dualité qui dès lors investit son travail, transite d'une syntaxe occulte à une plastique ludique et perturbante de l'art.

On sait que la culture ésotérique se nourrit de symboles qu'elle détecte dans le quotidien pour les réutiliser en ce qui n'est autre, au fond, qu'un duplice miroir psychique où le disciple plonge à la rencontre de ses propres lumières et ténèbres. Référant à l'abécédaire complexe de la Cabale, la science occulte rassemble les secrets d'une journée qu'elle sanctifie jusque dans les moindres gestes, les moindres

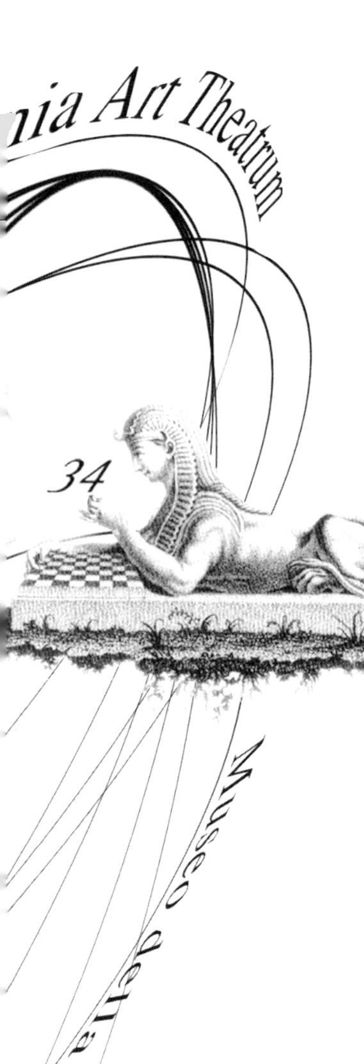

Vettor Pisani
Sacred Disorder/Profane
Disorder or Language
in Doubt

It is quite astonishing to find right at the start of the description given of Vettor Pisani in his biography, a prefiguration of the formal model that runs through his entire output. "Germanist, theologian, architect, Rosicrucian, the son of a navy officer and a former striptease artist" – this stream of heterogeneous terms betrays the principles of interference and antinomy that underpin his corpus of work in a curiously complementary way.

Between the timeless and the topical, the scholarly and the playful, the "noble" and the "trivial", the artist sets up a series of topographies of a past, like the *Aleph*, which already harbors in its meanders the storms to come. He has traveled throughout Europe, in Germany, former-Czechoslovakia, Austria and Poland, and without ignoring avant-garde movements, he has always stood apart from them. One might say that he is "detached yet not distant from the world"[1], like the artist-reader whose recourse to the reference forms the very substance of the work. Seeped in the initiatory teachings that he received from a Rosicrucian master, Pisani splits the art of symbolism into two and finds in the "profane" world a privileged vantagepoint. Whence the duality of his work, shifting from an occult syntax to a playful and disturbing visual idiom.

Esoteric thought thrives on symbols found in everyday life and which are utilized as ambiguous psychic mirrors into which the disciple plunges in search of the light and the darkness inside his self. Informed by the complex tenets of the Kabala, occult science assembles the secrets of a day and sanctifies them in the minutest gesture, deed or sign. Everything encountered without has its symbolic equivalent within. Closer to our times, Carlos Castaneda bore witness

signes. La rencontre d'un Dehors équivaut pour elle à celle d'un symbolique Dedans. Dans une époque plus proche de nous, Carlos Castaneda a témoigné de l'étrange atemporalité de ce discret enseignement oral. Toutefois, Pisani est aussi l'héritier d'un autre hermétisme: celui de Marcel Duchamp, de Yves Klein, de Joseph Beuys. De cet ésotérisme profane, laïque, anarchiste au sens global, l'aspirant moderne n'est autre que l'artiste. Homme de rupture, l'artiste de notre siècle déplace son œuvre à mesure que l'horizon se déplace; au gré d'un Temps énigmatique mais aussi d'une historicité qui noue ses problématiques à celles de l'art contemporain. Alors que l'ésotérisme classique renvoie à un enseignement académique, quoique parfois expérimental, l'anarchie de l'art, qui selon la formule de Max Stirner, ne connaît "Ni Dieu, ni Maître", ignore ces syntaxes réglées telles d'exactes mécaniques sacrées. Au contraire, l'art se réclame d'une pratique individualiste, d'une expérimentation autonome. Ainsi, compte tenu de son bagage singulier, on peut s'étonner que l'artiste ait su maintenir le cap.

L'économie de la symbolique ésotérique en effet, n'a pas les mêmes fins que celle de la symbolique artistique ou même psychanalytique (puisque, on le verra, Pisani aborde aussi la question du savoir freudien). Attentif à la nécessité d'une gestion délicate de l'ésotérisme, Vettor Pisani préserve la spécificité de l'œuvre, tout en propageant en elle un partage entre références passées et actualité artistique, sociale, entre aristocratie et démocratie d'un savoir, ombres et lumières (au sens du Siècle des Lumières). Puisque pour Pisani "le lieu spirituel est aussi celui du travail de l'art", la matière-temps dont il use ne saurait se référer à une linéarité chronologique[2]. Pisani détecte même dans l'actualité une teneur qui lui paraît obéir à une minutieuse numérologie cabalistique. Le sacré y entrant en collision, bien plus souvent qu'on ne l'imagine, avec le profane, c'est souvent le profane qu'il voit submergé par un sacré lui-même ambivalent[3]...

Ces tendances antinomiques l'amènent à ricocher d'un pôle à l'autre. Artiste savant qui volontiers se déstabilise, Pisani est loin de prétendre à une œuvre originale puisqu'il choisit de procéder par références à une tradition. Dans cet art où il développe l'espace de la citation, sa véritable matière sera le langage. S'il se sert de la perspective ésoté-

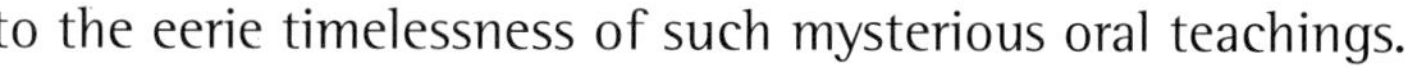

to the eerie timelessness of such mysterious oral teachings.

Pisani, however, is also heir to another hermetic tradition, that of Marcel Duchamp, Yves Klein and Joseph Beuys. This type of esotericism is profane, secular and anarchistic (in the global sense), and the modern follower of this hermetic tradition is none other than the artist. For the artist today is a man of rupture who shifts his work as the horizon shifts to the rhythm of an enigmatic Time but also of a historicity bound up with the problematics of contemporary art. Whereas classic esotericism reflects academic teaching, be it experimental, the *anarchy* of art knows "neither God nor Master" (as Max Stirner put it) and ignores the precise, orderly syntax of sacred mechanisms. Art, to the contrary, demands individualistic practices and autonomous experimentation.

Considering Pisani's singular background, it is surprising that the artist has managed to keep to course. Indeed, the handling of esoteric symbolism does not have the same ends as artistic or even psychoanalytic symbolism (and as we will see Pisani also takes up the question of Freudian thinking). Well aware of the importance of handling esotericism delicately, the artist maintains the specificity of an œuvre that is riddled with references to the past but also to current social or artistic events, aristocratic teachings but also democratic sciences, and as much shadow as light (light in the sense of the *Siècle des Lumières*). Since "the spiritual site is also the site of artistic work," the time-material that he uses is unrelated to chronological linearity.[2] To his mind, current events meticulously obey the laws of Kabalistic numerology, the sacred and the profane collide much more often than we might imagine, and the profane is often submerged by a sacred which is itself ambivalent.[3]

These antinomic tendencies cause him to ricochet from one pole to another. Here is an erudite artist, ever willing to destabilize, but who does not even pretend to create an original œuvre, proceeding instead by reference to tradition. Citation is given pride of place in an art whose real material is language. When he makes use of an esoteric perspective, opposing Oedipus to the anti-Oedipus and straying to knowledge, it is to free language from regressive tendencies. With no fear of anachronism, he gives voice as easily to

rique, opposant Œdipe à l'anti-Œdipe, comme l'errance à la connaissance, c'est pour affranchir le langage de tendances régressives. Sans craindre nul anachronisme il renvoie au savoir d'Hermès autant qu'à un désenchantement Wittgensteinien. Pourtant, le philosophe viennois est décrit tel cet homme d'une grande mélancolie, en rien séduit par une quelconque spiritualité. Il appartient, écrit Tahar Ben Jelloun, "à cette catégorie d'êtres pour qui il n'y a ni abri métaphysique, ni consolation religieuse".[4] L'affinité de Pisani envers Wittgenstein consiste plutôt en cet hermétisme athée, en cette sorte de clarté éminemment "éteinte" dans laquelle le philosophe entretenait sa vision du langage. L'homme, s'interrogeant sur les couleurs, butait contre leur non-être, avouant l'échec de leur appréhension philosophique[5]. Ailleurs, il déclarait: "Tout ce qui peut être dit, peut être dit clairement, et tout ce dont on ne peut parler, il faut le taire"[6]. Aimant à déclarer qu'il n'y avait rien à comprendre, il privilégiait de ses livres, cette partie qui n'avait pas été écrite comme la seule qui importait.

Ce non-être du discours est aussi matière familière de l'hermétisme. Il habite également la syntaxe allusive dont l'art se nourrit pour avancer et vaincre cet excédent de clarté que constitue la doxa. Alors que Wittgenstein procède par aphorismes que fonde le doute, l'art se nourrit d'une série d'oracles désacralisants. D'où, son heurt fréquent avec une socialité qui ne tolère ni l'inquiétude ni la contradiction. Bien que le langage de l'art soit poussé par tendance irrépressible, non pas à la conservation ésotérique d'un savoir mais à sa diffusion et à sa révolution, Pisani enjambe ces données et transite avec aisance d'un ésotérisme traditionnel à un (certain) ésotérisme artistique...

Dans *Laboratoire Rosecroce Ermetico Didattico* il paraît décrédibiliser les objets d'un savoir, mettant en scène les pions d'un échiquier, désoeuvrés ou déconnectés, jouxtant le plateau d'un damier réduit à l'état de foulard ou de chiffon. Noble référence, la pyramide se voit reléguer sous une table que saisit le désordre de fils électriques d'un projecteur de diapositives. Dans une obscénité (au sens originel du mot ob-scène = sur le devant de la scène) l'installation affiche son dispositif brouillon, voire irrévérencieux. Sa perspective se projette vers une icône de plexiglas: une hybride

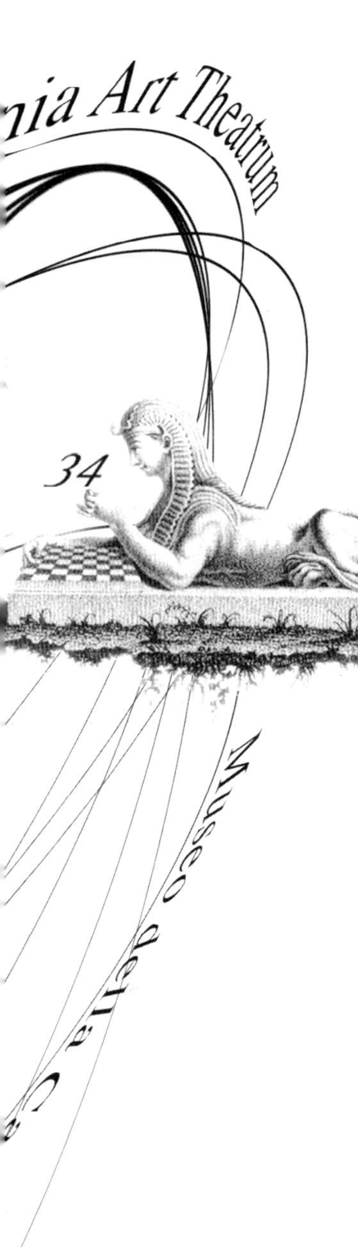

thoughts of Hermes as to Wittgensteinian disillusionment. The Viennese philosopher, a deeply melancholic man with no interest in spirituality, is described by Tahar Ben Jelloun as belonging "to a category of human beings for whom there is no metaphysical shelter or religious consolation."[4] Nonetheless there is an affinity between Pisani and Wittgenstein, and it has to do with Wittgenstein's atheistic hermeticism, and the eminently opaque clarity with which he developed his thinking on language. When Wittgenstein turned his mind to the study of colors, he came up against their non-existence and acknowledged the impossibility of philosophically understanding them.[5] According to him, everything that can be said, can be said clearly, and "Whereof one cannot speak thereof one must be silent."[6] The philosopher was fond of saying that there was nothing to understand, and he considered the parts of his books that he had not written as the only important ones.

The non-being of discourse is another familiar topic of hermeticism. It informs the allusive syntax of art in its attempt to move forward and to vanquish the surplus of clarity constituted by the *doxa*. Whereas Wittgenstein proceeds by aphorisms founded on doubt, art arises from a series of desacralizing oracles. Whence, its frequent clash with social instincts that tolerate neither anxiety nor contradiction. The language of art can be said to be driven by an irrepressible propensity to spread and revolutionize knowledge rather than its esoteric *conservation*. But Pisani glides over all this, and passes with ease from traditional esotericism to a (certain) artistic esotericism.

With *Laboratoire Rosecroce Ermetico Didattico* he seems to undermine the credibility of objects of knowledge. Idle chess pawns are strewn alongside a chessboard reduced to the state of a scarf or rag. A noble reference in the form of a pyramid is relegated to a subordinate position under a table caught in a tangle of electrical wires from a slide projector. Obscenely (in the sense of "ob-scene", on the front of the scene), it displays its untidy if not to say its irreverent state in an installation totally turned in the direction of a plexiglas icon: one of Hans Bellmer's hybrid dolls alongside a fading Suprematist reference (*La Bambola di Wittgenstein,* 1985-1995).

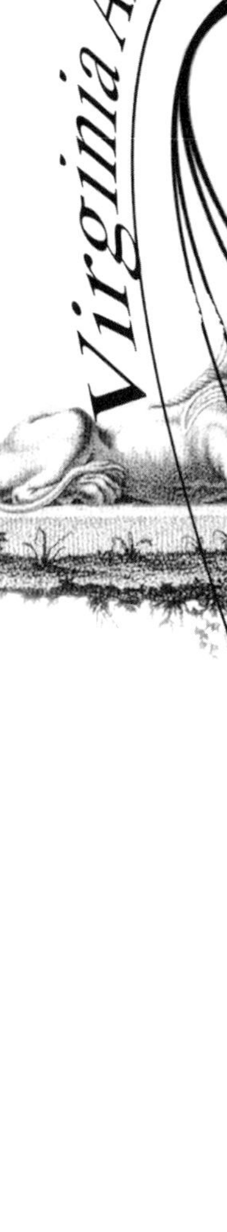

poupée de Hans Bellmer côtoyant une référence suprématiste en déperdition (*La Bambola di Wittgenstein*, 1985-1995)...

Quelque chose d'iconoclaste frappe dans *Riccardo Schicchi, Eva Futura, mariée mise à nu...* dont les poses répondent plutôt à une esthétique publicitaire ou même kitsch. On glisse du sacré au profane en polémiques anarchisantes et plaisamment diffusées au sein d'un discours sur l'histoire de l'art avec, en 1989 *Il coniglio non ama Beuys, io invece si* (Le lapin n'aime pas Beuys, moi, si). La vénération occultiste se dispute la marge à la parodie, tandis que des onomatopées au néon adressent à la modernité leur message scellé. Pourtant, ce n'est ni l'art contemporain ni l'art occulte que l'artiste tourne en dérision, mais le langage. Celui-ci attestant que nous sommes "le produit d'une connaissance instillée par autrui" il nous concerne, puisque comme l'affirme Pisani, "nous sommes les autres"[6].

Doutant du langage, l'artiste ne saurait éviter de douter de la photographie. Pour cette raison son travail sur les archives de Sigmund Freud peut être défini comme un "formol photographique". Car le visible en photographie, comme en actualité, ressort d'un ordre fallacieux puisqu'il participe d'affirmations et d'évidences qui en aucun cas n'évitent l'ambiguïté. Pisani réinvestit la surface affirmative de la photographie que l'on pourrait comparer (comme Freud le proposait pour le langage du rêve) à une "façade"[7]. Il y a aussi quelque chose du déplacement onirique ici, dont le collage participe. Comme l'activité du rêve, l'infatigable messager qu'est le discours de l'art, déplace les théories du visible pour reconstruire ailleurs ses autres stratifications composites. De même que dans le rêve, Freud notait qu'un raisonnement s'accompagne de son pendant contradictoire, la réalité montée, reconstituée par Pisani se propose comme *ce rêve même de Sigmund*, venant déranger la psychanalyse jusque dans ses assises en tant que science du (re)connaissable. Par jeu de collage perturbant, le Père de la psychanalyse est présenté comme pure photographie, signature ou autographe, étoile de David. L'icône si lisse de la photographie, éloignée discrètement de sa rhétorique habituelle, se présente telle une coupe archéologique de l'humain. La sphinge intrigante que l'auteur de *L'interprétation des rêves*

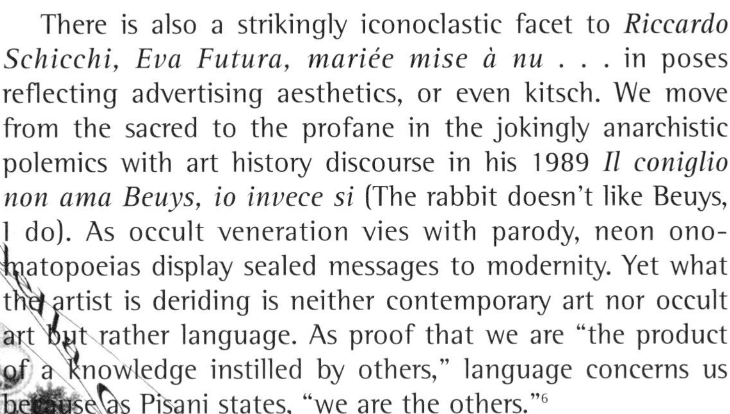

There is also a strikingly iconoclastic facet to *Riccardo Schicchi, Eva Futura, mariée mise à nu . . .* in poses reflecting advertising aesthetics, or even kitsch. We move from the sacred to the profane in the jokingly anarchistic polemics with art history discourse in his 1989 *Il coniglio non ama Beuys, io invece si* (The rabbit doesn't like Beuys, I do). As occult veneration vies with parody, neon onomatopoeias display sealed messages to modernity. Yet what the artist is deriding is neither contemporary art nor occult art but rather language. As proof that we are "the product of a knowledge instilled by others," language concerns us because as Pisani states, "we are the others."[6]

Putting language in doubt, he can hardly avoid putting photography in doubt too. For this reason his work on the Sigmund Freud archives may be defined as a "photographic formalin". What is visible in photography, as in the news, springs from a fallacious order since it draws on factual affirmations and statements that by no means avoid ambiguity. Pisani reinvests the affirmative surface of photography which may be compared (as Freud compared dream language) to a "front".[7] There is an aspect of oneiric displacement here, due in part to the collage work. Like dream activity, the discourse of art is a tireless messenger relentlessly displacing theories of the visible so as to reconstrue other composite layers elsewhere. And just as dream thoughts are accompanied by their contradictory counterparts, the reality that Pisani reconstrues assumes the form of one of *Sigmund's own dreams*, disturbing the very fundaments of psychoanalysis as a science of (re)cognition. On a disturbing collage that presents the father of psychoanalysis as pure photography, also figure a signature and a star of David. By distancing the smooth photographic icon from its habitual rhetoric, it acts as an archaeological cross-section of humanity. The intriguing sphinx which the author of *Interpretation of Dreams* had so admired at the Louvre in a painting by Ingres, and then in a depiction by Gustave Moreau ends up mistaking Freud for Oedipus and holding him in its grips.[8] Employing dense phraseology, Pisani comments on the crossed position of the sphinx's claws gripping Freud and its resemblance to Mona Lisa's hands. "*Trivio* is the Italian word for crossroads. From *trivio*

avait admirée au Louvre dans la version d'Ingres, puis de Gustave Moreau, finit par prendre Freud pour son Œdipe qu'elle agrippe[8]. Dans une phraséologie très serrée, Pisani relève dans le mouvement croisé des griffes de la sphinge saisissant Freud, est le même que celui des mains de La Joconde de Léonard de Vinci. "Le croisement" précise-t-il, "renvoie au mot italien *trivio* signifiant 'carrefour'. Et de *trivio* provient l'adjectif 'trivial' c'est à dire non pur, non noble. Le carrefour est aussi ce lieu où Œdipe tua son père. Œdipe, représenté en boiteux signifierait cette oscillation, ce basculement du sens, lié au carrefour qui est le lieu de la décision, là où l'homme doit choisir son destin, entre erreur et raison.

Toutefois, dans un moment heureux de la vie du maître, nous est montrée une superbe vue des Dolomites où Freud se promenait avec sa fille Anna (qui deviendra à son tour psychanalyste). La photographie est violacée, ce qui définit son filtre symbolique. Lisse, elle oppose sa face heureuse et sa plénitude, à la veille d'un premier conflit mondial. Mais c'est surtout l'aspect des montagnes entourant la quiétude des célèbres promeneurs qui retient l'attention. Cette photo fait désormais partie d'un Cabinet d'Amateur moderne dont l'inquiet zapping confirme la vitesse du siècle dans lequel les images sont engagées. A peine retouchée d'un filtre, cette image médiatique n'est efficace que relue. Ce choix pour la personnalité de Sigmund Freud, porte une double résonance. Car Freud, collectionneur, était aussi cet archéologue de l'*imago*. Dans l'art, il recherchait sa source d'inspiration et une confirmation de ces ressorts profonds transitant de la libido à la pulsion de mort. Comme on le sait, Freud était intéressé par le langage dans lequel il avait relevé les non-sens, les manques, les lapsus. Mais il était aussi l'ami de ce profil de Janus qu'assume souvent l'image antique[9]. La forme du collage artistique, par son agglomérat composite et hétérogène peut être considérée comme le pendant (éclairé) de l'acte manqué et du lapsus onirique. Ainsi, lorsque Vettor Pisani tourne son regard vers ce passé c'est pour y trouver une affinité avec cette archéologie active que Freud adressait à cet Inconnaissable-Connaissable de l'existence, définis en strates d'un "ça", d'un "moi" et d'un "surmoi" qu'il spatialisait métaphoriquement en topiques d'une "Théorie des lieux"[10].

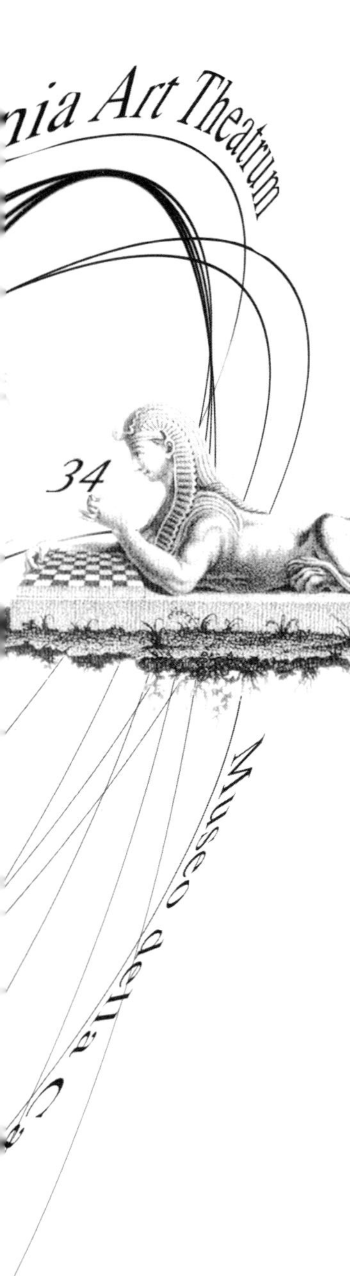

comes the adjective 'trivial' meaning not pure or not noble. Oedipus killed his father at a crossroads. Oedipus, represented as lame, signifies the oscillation, the uncertainty and wavering of sense connected to the crossroads as the site of decision where man chooses his destiny between error and reason."

On a happier note in the life of Freud we are shown a superb view of the Dolomites where he used to go for walks with his daughter Anna (who later became a psychoanalyst). The photo is tinged violet, which defines its symbolic filter. It boasts its smooth, happy, full face, on the eve of the First World War. But what retains our attention most is the peaceful mountain setting of this famous stroll which stands out against the nervous speed of our century, kicked off by this photograph that now figures amongst the images that we can zap to in the archives of our minds. The picture, slightly reworked with a filter, functions only when reread. The choice of the figure of Sigmund Freud carries a double resonance because Freud, the collector, was also the archaeologist of the *imago*. He sought in art a source of inspiration and also the confirmation of the profound impulses passing from the libido to the death drive. As we know, he was interested in language and underscored such verbal phenomena as nonsensical expressions, missing words and slips of the tongue. He was also fascinated by such dialectical images of antiquity as the Janus profile.[9] The form of artistic collage, because of its composite, heterogeneous nature, could be regarded as an (enlightened) counterpart to the parapraxis and the oneiric slip. So when Pisani directs his gaze to the past it is to find an affinity with Freud's archaeological probe of the Unknowable-Knowable, defined as strata – the "id", "ego" and "super-ego" – which he metaphorically spatializes in a "theory of places".[10]

Perhaps it is in this light that we should interpret the *Museo della Catastrofe* or *Virginia Art Theatrum* which the artist has been working on over the past few years. It is a metaphorical project situated in a real place, the Serre di Rapolano in Tuscany. As part of Pisani's aim to restore the former cultural functions of sites altered by human beings, he will intervene on nature as architect and artist, with a

C'est peut-être sous cette lumière qu'il faut interpréter le Musée de la Catastrophe auquel l'artiste travaille depuis quelques années. Appelé également *Virginia Art Theatrum*, cette métaphore prend assise dans le lieu réel de Serre di Rapolano, en Toscane. Initiative inédite en Italie, son Musée se propose de mêler références mythologiques et actualité. Pisani aspirant à une restauration d'anciennes fonctions culturelles de sites altérés par les hommes, interviendra sur la Nature en architecte et artiste en privilégiant "ses pleins et ses vides". *Work in progress*, ce Theatrum destiné à s'édifier dans le temps mêle déjà des sculptures d'Hermès à des figurations de l'urgence, tel cet étang rempli d'une eau savonneuse symbolisant une catastrophe écologique. Si le mythe sert à prévenir le futur, dans le cas de Vettor Pisani cette métaphore s'accomplit pleinement. C'est ainsi qu'il faut entendre son éclectisme citationnel: tel un travail sur l'Histoire et sur l'histoire de l'art, sur un présent et un futur annoncé, où toutefois le mot d'esprit n'est jamais exclu.

Ce présent fragmentaire qui est le nôtre, Jean-François Lyotard l'a défini comme relevant "d'une pragmatique de particules étrangères, où les jeux de langage et l'hétérogénéité des éléments constituent un déterminisme désormais local et ne donnent lieu à institution que par 'plaques'"[11]...

L'œuvre de Pisani, "trouées" de références multiples, de citations ambivalentes, se rapproche autant d'un passé que d'une urgence. Elle relève également d'un sentiment postmoderne qui n'est recevable qu'adressé à un futur de plus en plus complexe; non comme équivalence de toute chose. Artiste discret, non nihiliste, artiste presque "léger" au sens moderne, Pisani articule ses ancrages temporels et dialectiques au sein d'une dissipation qui, semble-t-il, nous reste nécessaire.

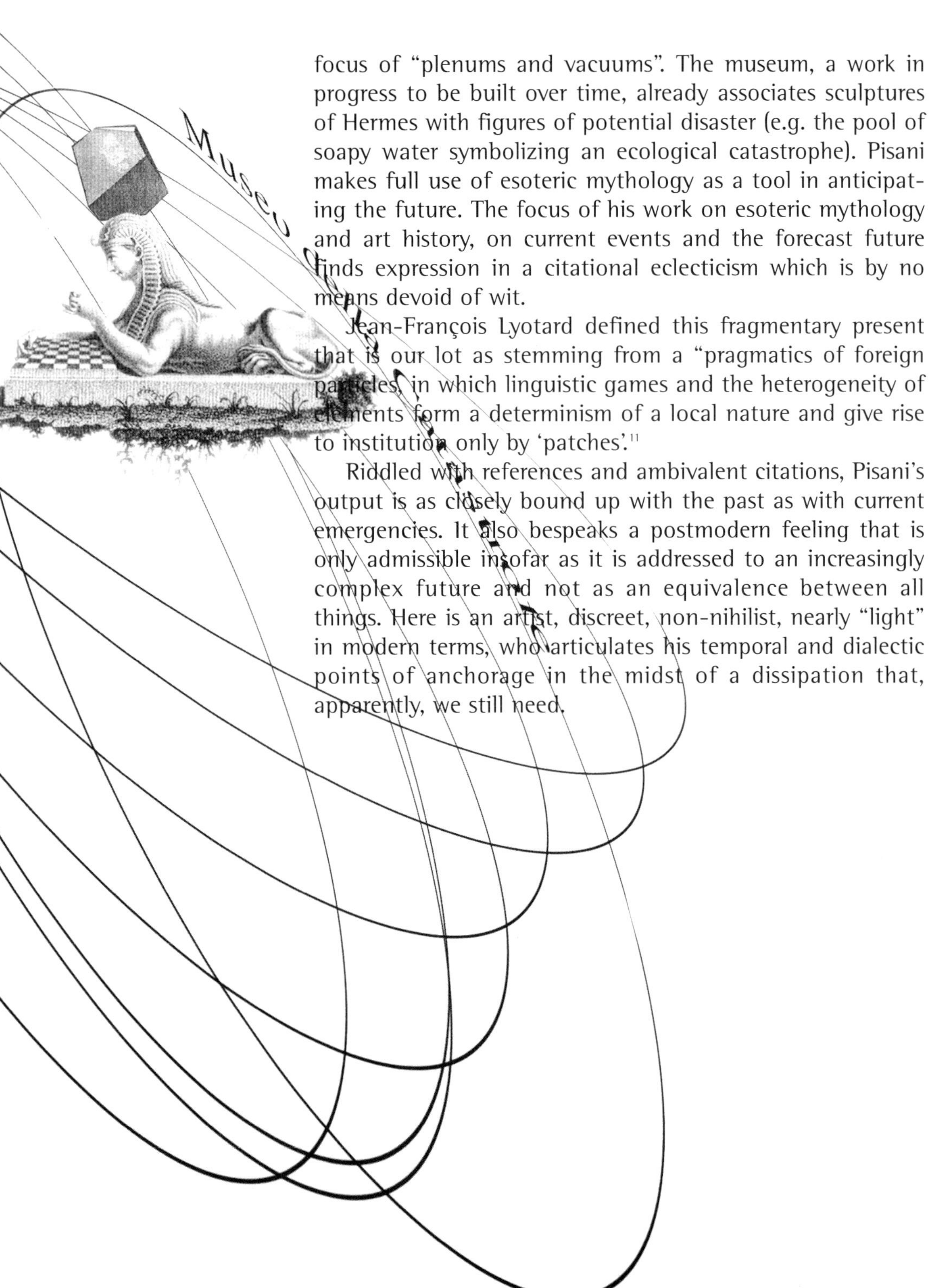

focus of "plenums and vacuums". The museum, a work in progress to be built over time, already associates sculptures of Hermes with figures of potential disaster (e.g. the pool of soapy water symbolizing an ecological catastrophe). Pisani makes full use of esoteric mythology as a tool in anticipating the future. The focus of his work on esoteric mythology and art history, on current events and the forecast future finds expression in a citational eclecticism which is by no means devoid of wit.

Jean-François Lyotard defined this fragmentary present that is our lot as stemming from a "pragmatics of foreign particles, in which linguistic games and the heterogeneity of elements form a determinism of a local nature and give rise to institution only by 'patches'.[11]

Riddled with references and ambivalent citations, Pisani's output is as closely bound up with the past as with current emergencies. It also bespeaks a postmodern feeling that is only admissible insofar as it is addressed to an increasingly complex future and not as an equivalence between all things. Here is an artist, discreet, non-nihilist, nearly "light" in modern terms, who articulates his temporal and dialectic points of anchorage in the midst of a dissipation that, apparently, we still need.

1. Ada Lombardi, "Il Coniglio e la Papera di Wittgenstein", in *Vettor Pisani*, Museo Laboratorio di Arte Contemporanea, Edizioni Diagonale, 1996.

2. Giorgio Verzotti, "Tra arte e teosofia", in *Pittura italiana/Italian Painting*, Ed. Charta, Milano 1997.

3. C'est ainsi que Pisani se dit le lecteur "amusé" de l'affaire Clinton-Lewinsky dans laquelle il ne voit qu'un remake symbolique, un balancier éternel, oscillant entre le noble et le vulgaire et où l'une et l'autre parties se condamnent tour à tour...

4. Ludwig Wittgenstein, *Remarques sur les Couleurs*, Ed. G.E.M., Anscombe 1983 (traduit par Gérard Granet).

5. Ludwig Wittgenstein, *Tractatus logico-philosophicus*, Ed. Gallimard, Paris 1993, p. 31 (traduit par G. G. Granger).

6. Ada Lombardi, "Il Coniglio e la Papera di Wittgenstein", in *Vettor... op. cit.*

7. Sigmund Freud, *Sur le Rêve* (Extraits de), in Charles Harrison et Paul Wood, *Art en Théorie 1900-1990, Une Anthologie*, Ed. Hazan, 1997, p. 54-62.

8. Yann le Pichon, Roland Harar, *Le Musée retrouvé de Sigmund Freud*, Ed. Stock, 1991, p. 12, 40.

9. En 1906, Freud reçut de ses disciples une médaille dont une face représentait son propre profil et l'autre, celle d'Œdipe répondant à la Sphinge. [*Chronologie*, in *La vie et l'œuvre du fondateur de la psychanalyse (1856-1939)*, p.190-191].

10. *Le Musée retrouvé... op. cit.*

11. Jean-François Lyotard, *La Condition Postmoderne* (Introduction), in *Art en Théorie 1900-1990... op. cit.*, p. 1088.

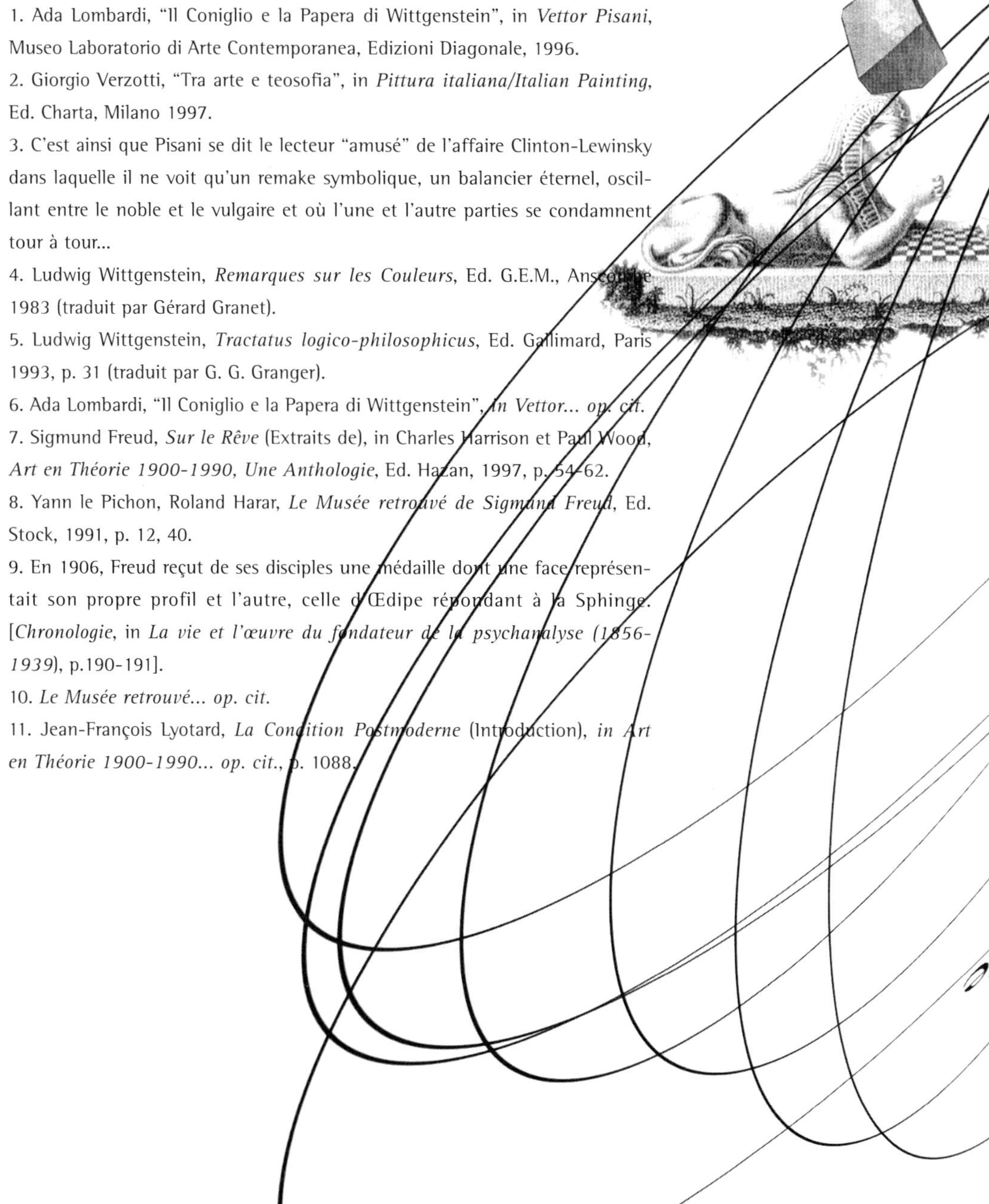

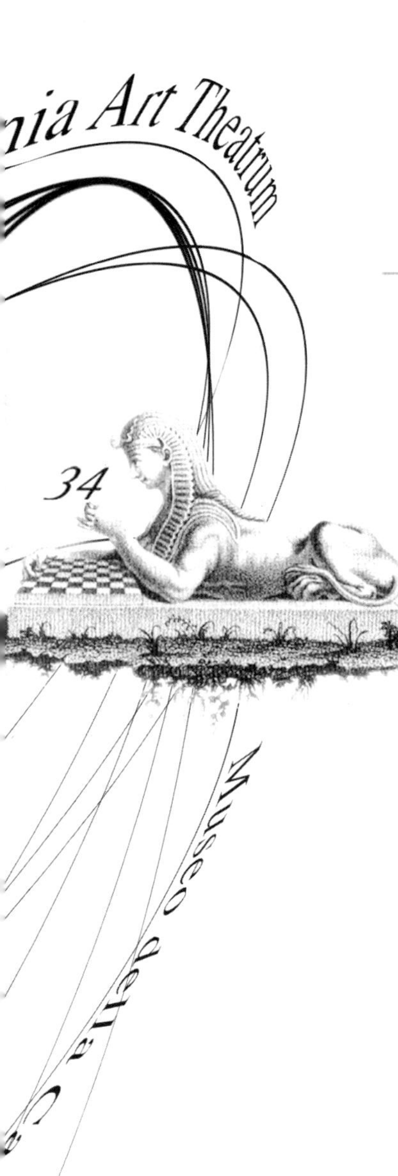

1. Ada Lombardi, "Il Coniglio e la Papera di Wittgenstein," in *Vettor Pisani*, Museo Laboratorio di Arte Contemporanea, Edizioni Diagonale, 1996.

2. Giorgio Verzotti, *Between Art and Theosophy*, in *Pittura Italiana/Italian Painting*, Ed. Charta, Milano 1997.

3. He is amused by current events such as the Clinton-Lewinsky affair which he sees as a symbolic remake of the timeless back-and forth movement between the noble and the vulgar, with each one in turn getting the upper hand on the other.

4. Ludwig Wittgenstein, *Remarques sur les couleurs*, Ed. G.E.M. Anscombe, 1983 (translated by Gérard Granet).

5. Ludwig Wittgenstein, *Tractatus Logico-Philosophicus*, Ed. Gallimard, Paris 1993, p. 31 (translated by G. G. Granger).

6. Ada Lombardi, "Il Coniglio e la Papera di Wittgenstein", in *Vettor . . . op. cit.*

7. Sigmund Freud, *Sur le Rêve* (excerpts from), in *Art en Théorie 1900-1990, Une Anthologie,* Charles Harrison and Paul Wood ed., Ed Hazan, 1997, p.54-62.

8. Yann le Pichon, Roland Harari, *Le Musée retouvé de Sigmund Freud*, Ed. Stock, 1991, pp. 12, 40.

9. In 1906 Freud's students gave him a medallion with his own profile on one side and Oedipus on the other. [*Chronologie*, in *La vie et l'œuvre du fondateur de la psycanalyse (1856-1939)*, pp. 190-191].

10. *Le Musée retouvé . . . op. cit.*

11. Jean-François Lyotard, *La Condition postmoderne*, (Forward), in *Art en Théorie 1900-1990 . . . op. cit.*, 1979, p. 1088.

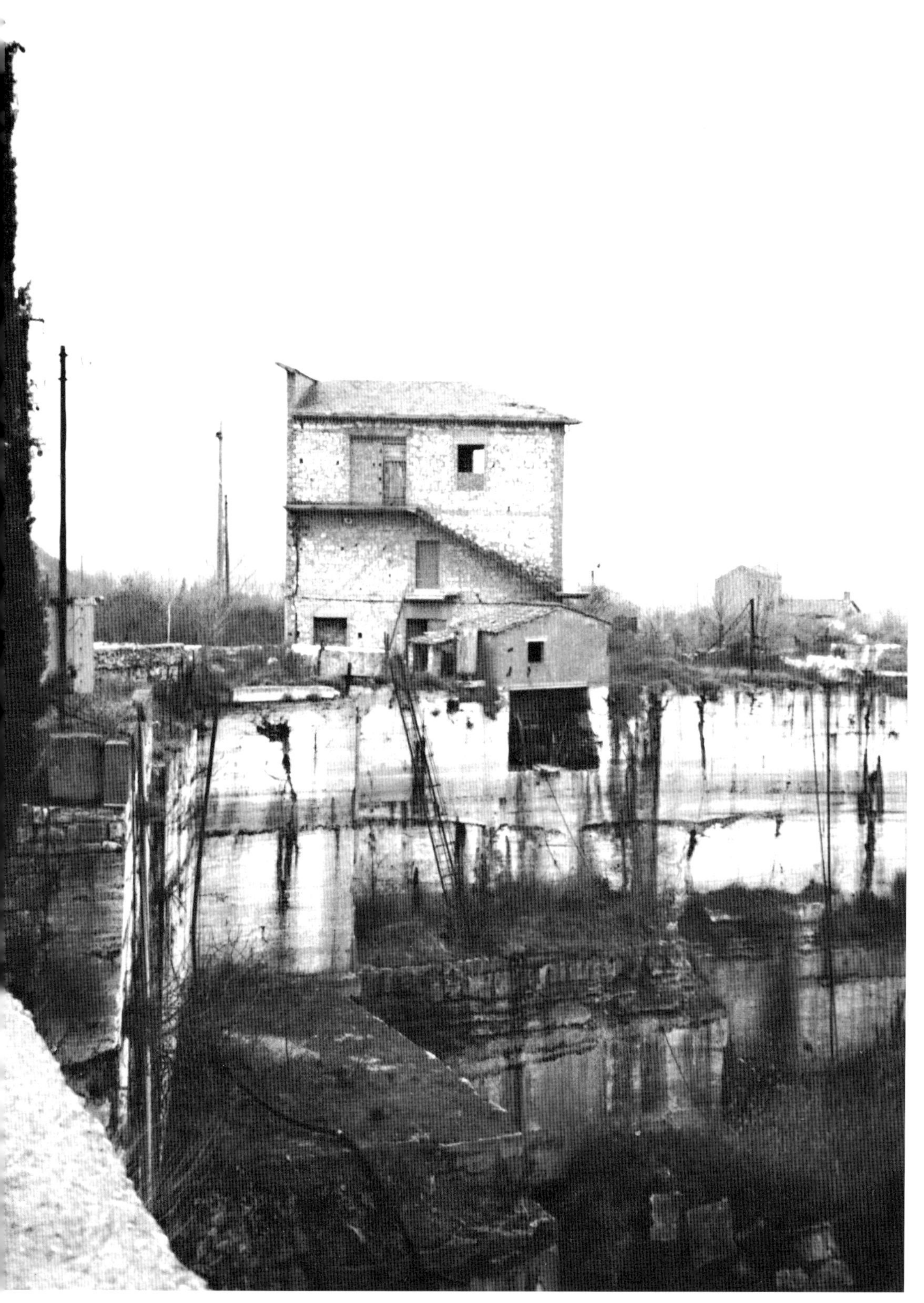

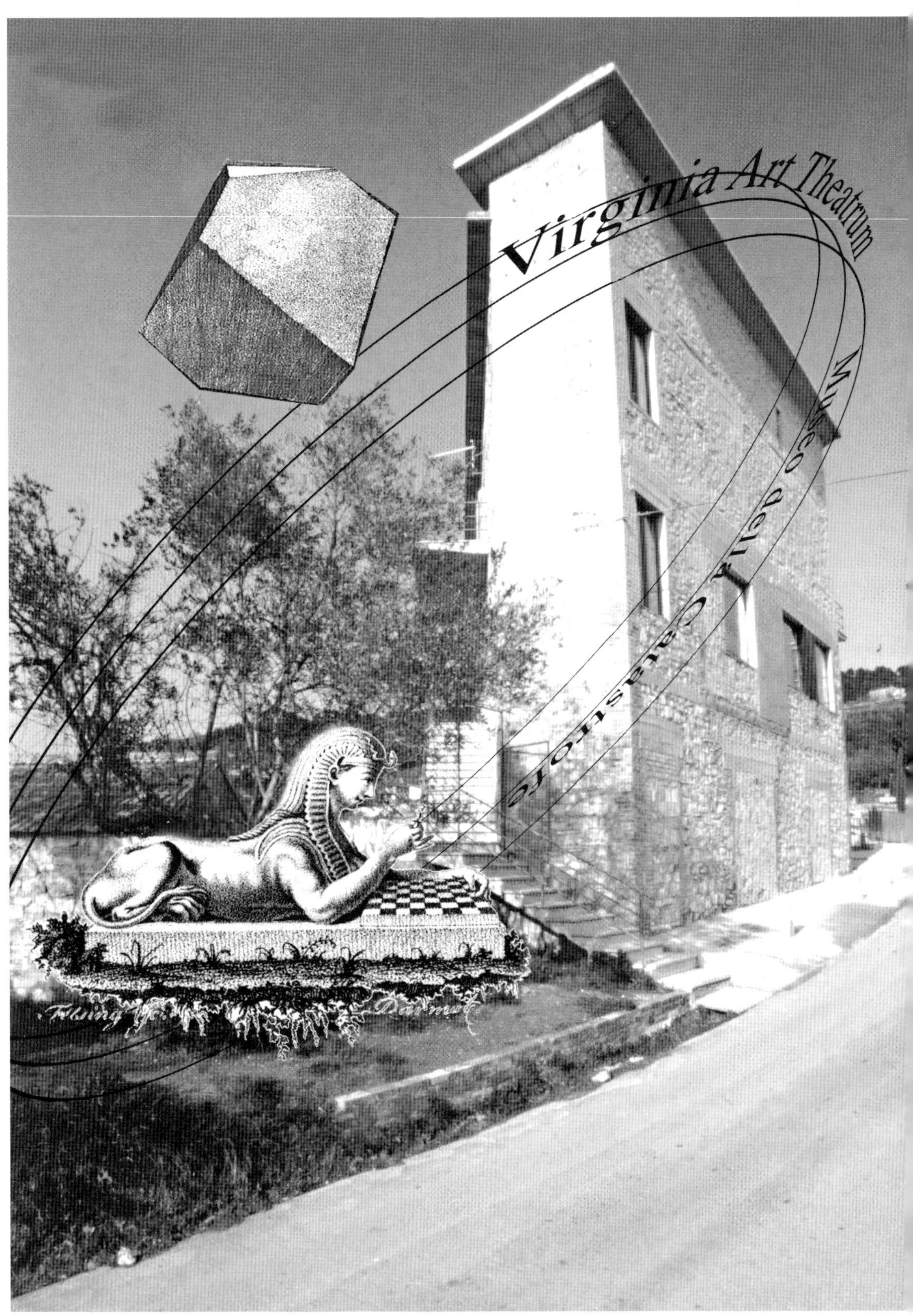

Virginia Art Theatrum
Museo della Censura

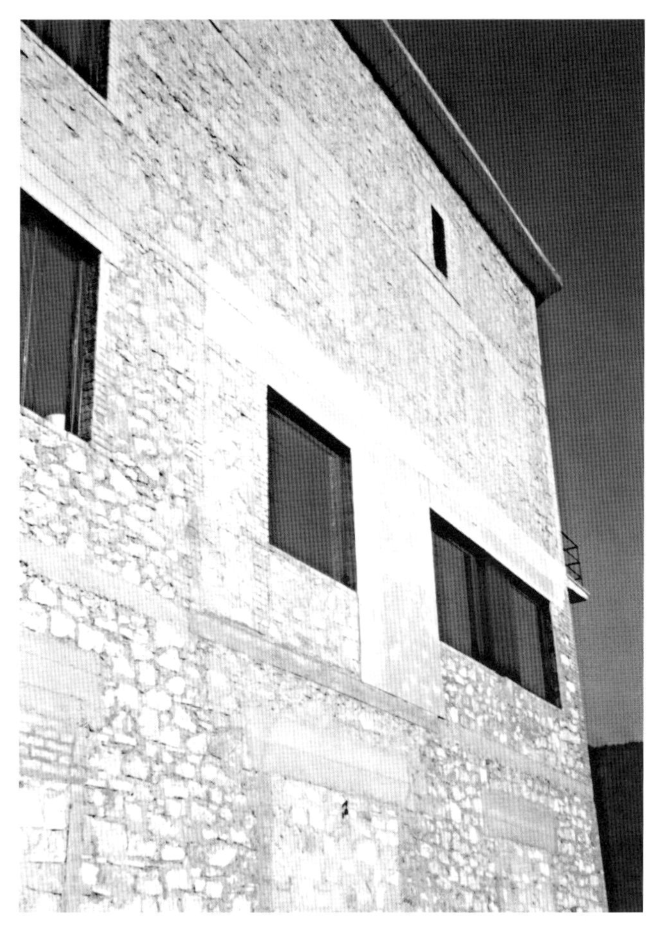

Virginia Art Theatrum
Museo della Catastrofe, particolare della facciata

Virginia Art Theatrum (Museo della Catastrofe)
Casa dei Rosacroce.

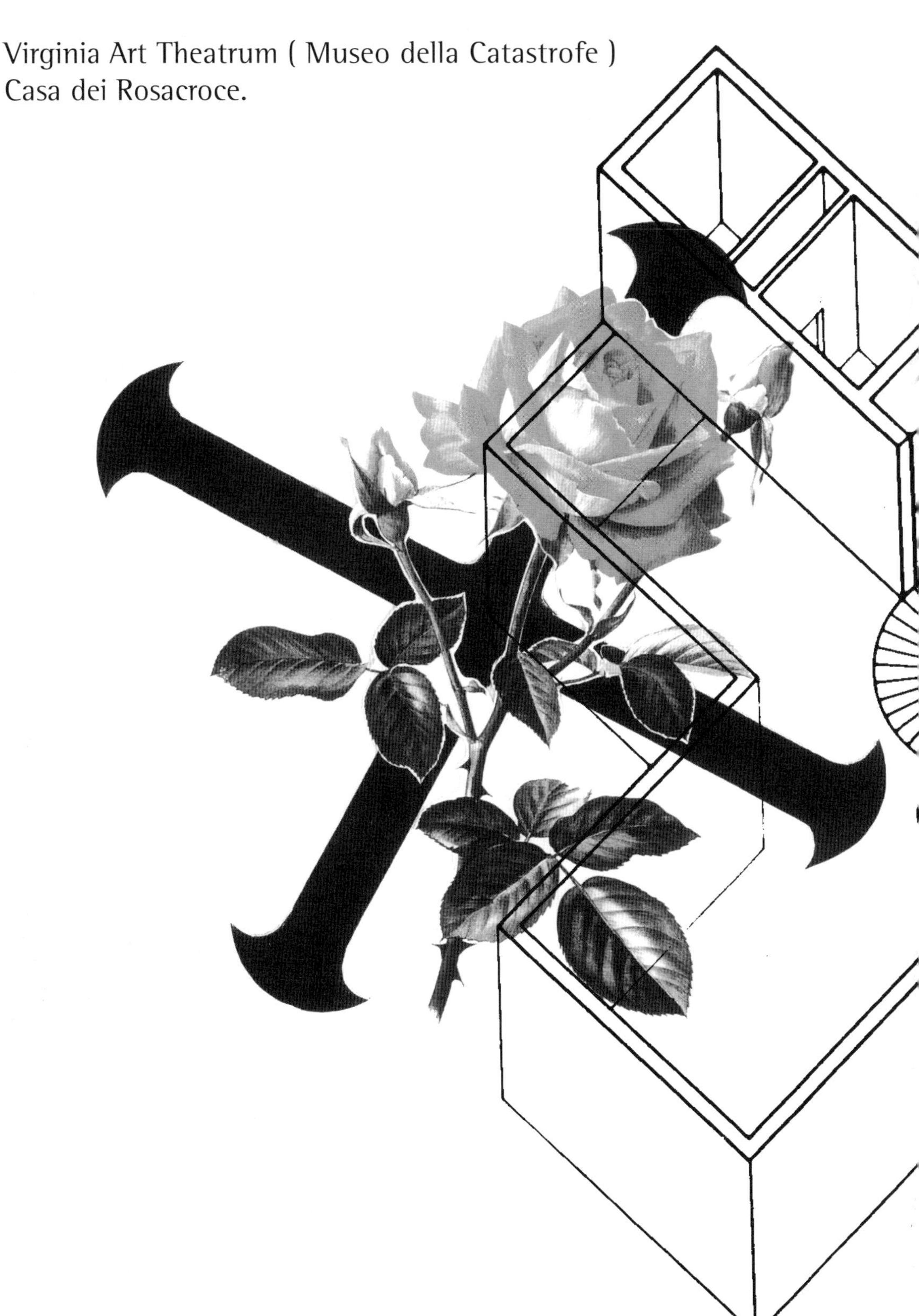

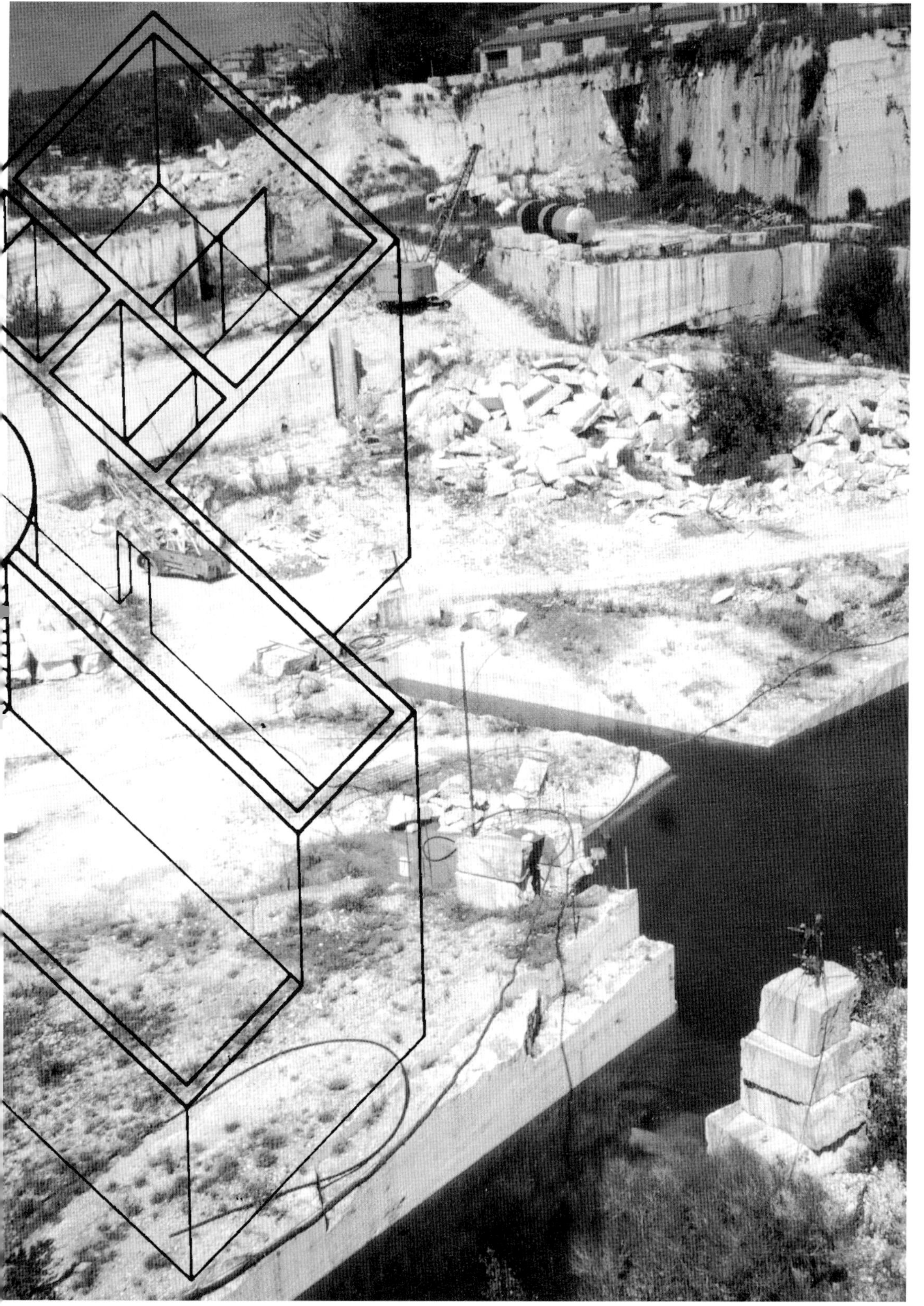

La macchi

Lo stagno: La macchi

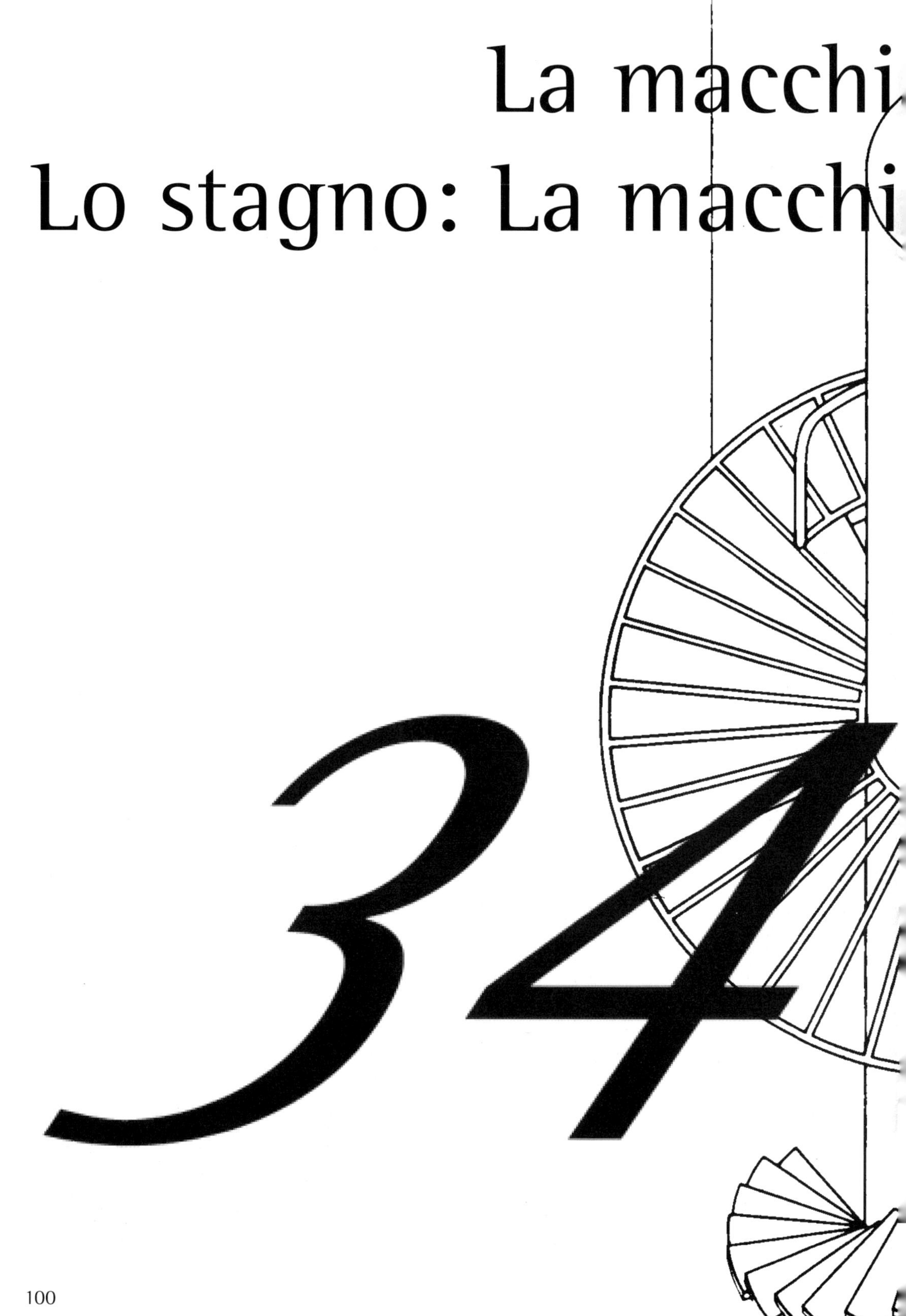

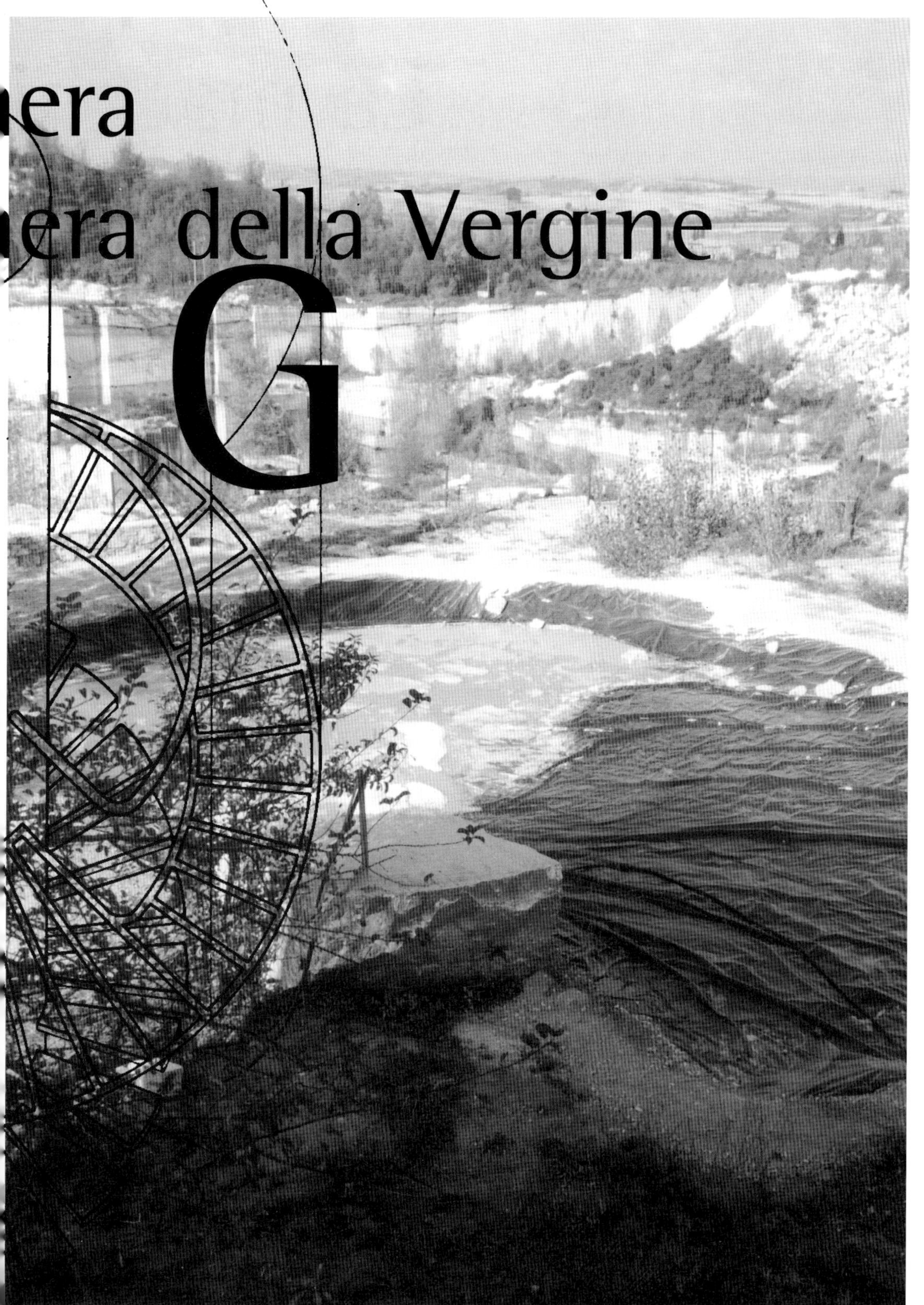

era
era della Vergine

G

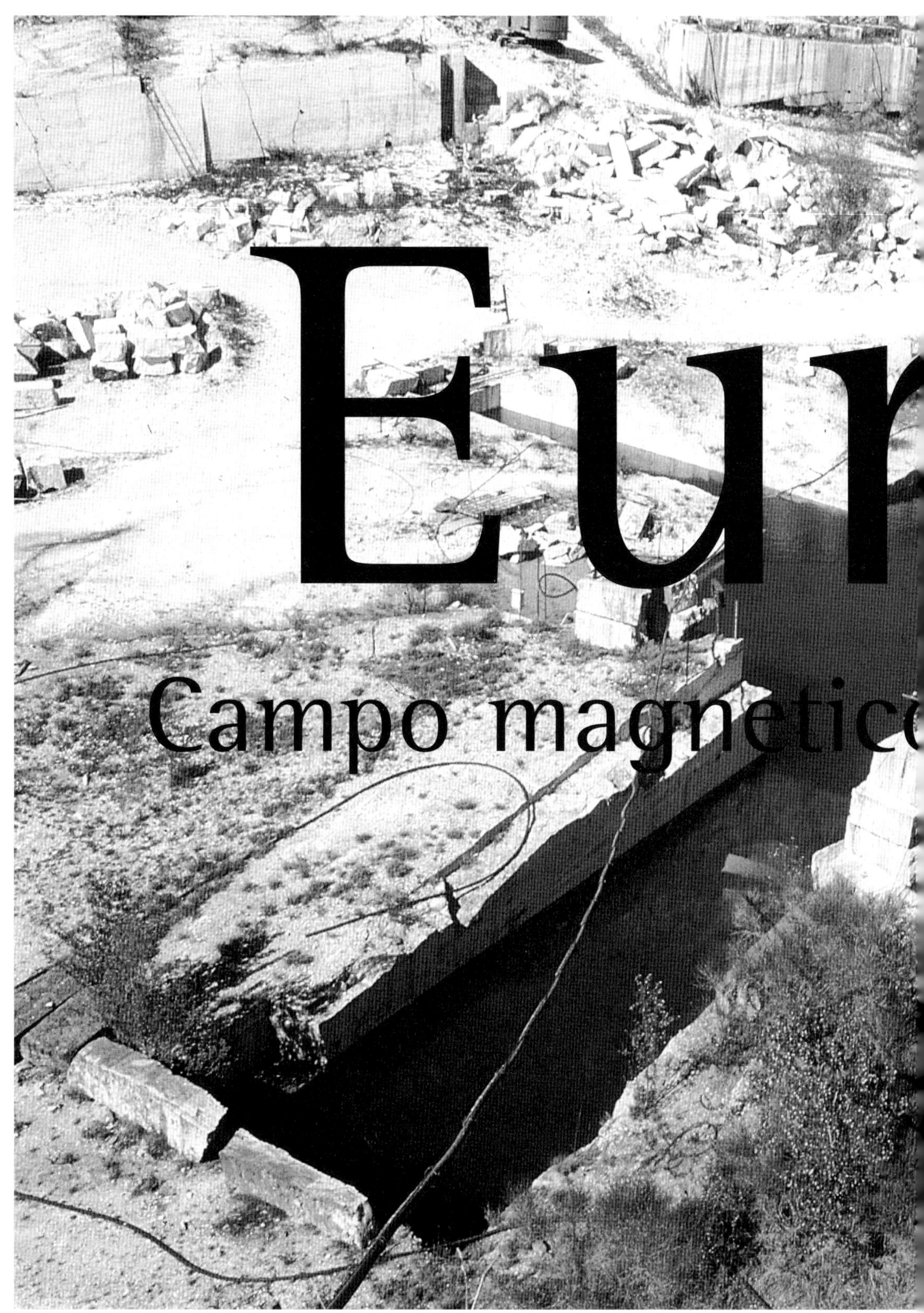
Eur
Campo magnetico

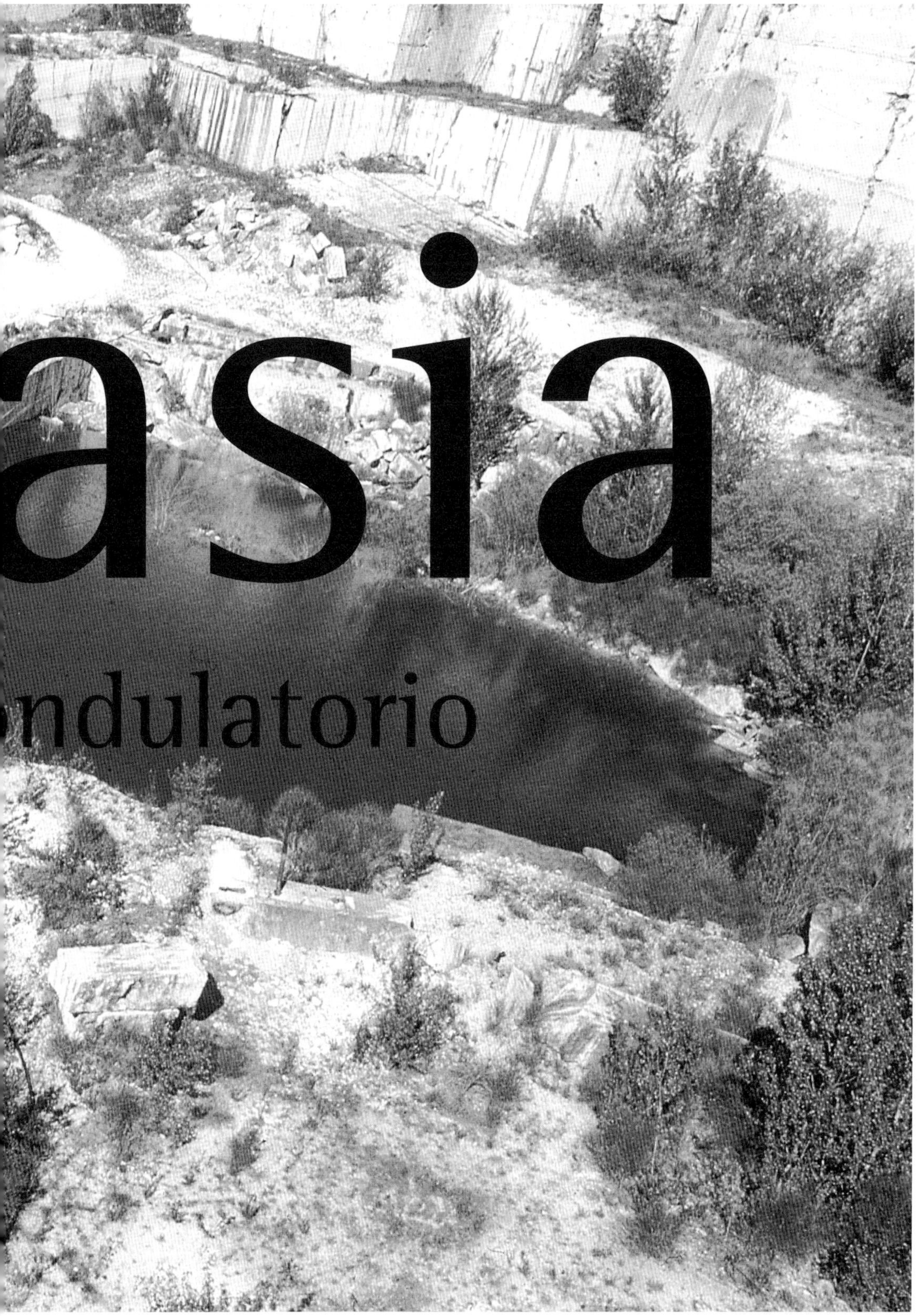
asia
ndulatorio

Piccola Vergine Sospesa
(La bambina tre puntine)

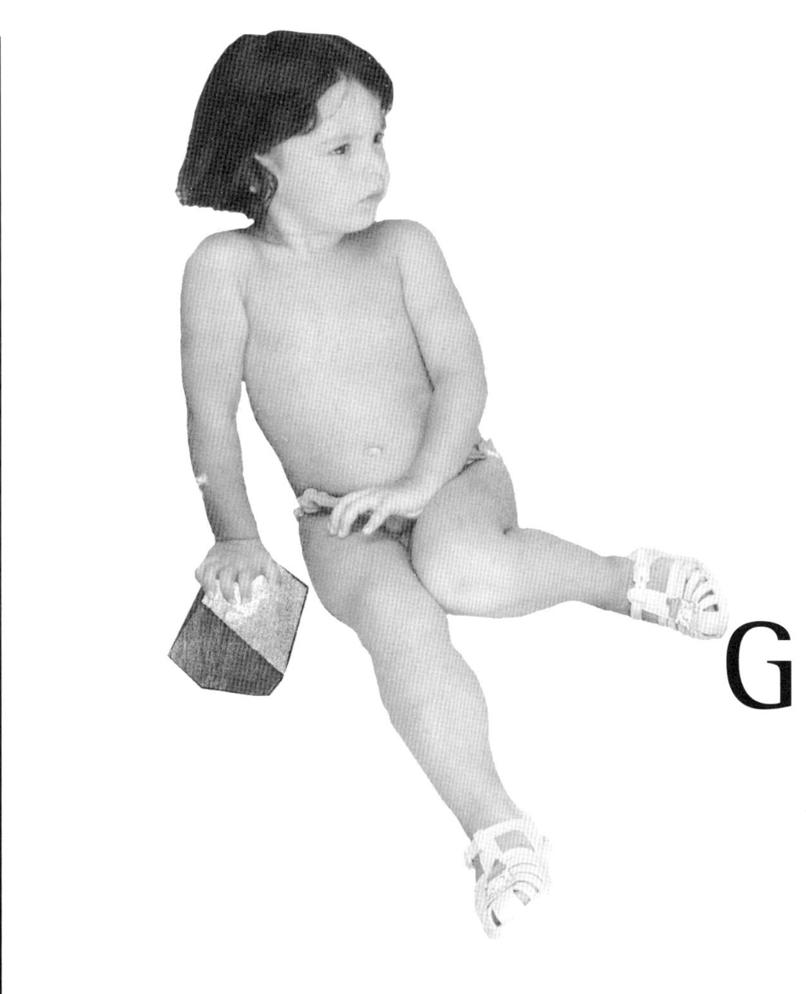

Vettor Pisani
Ritratto dell'artista in forma di pagliaccio

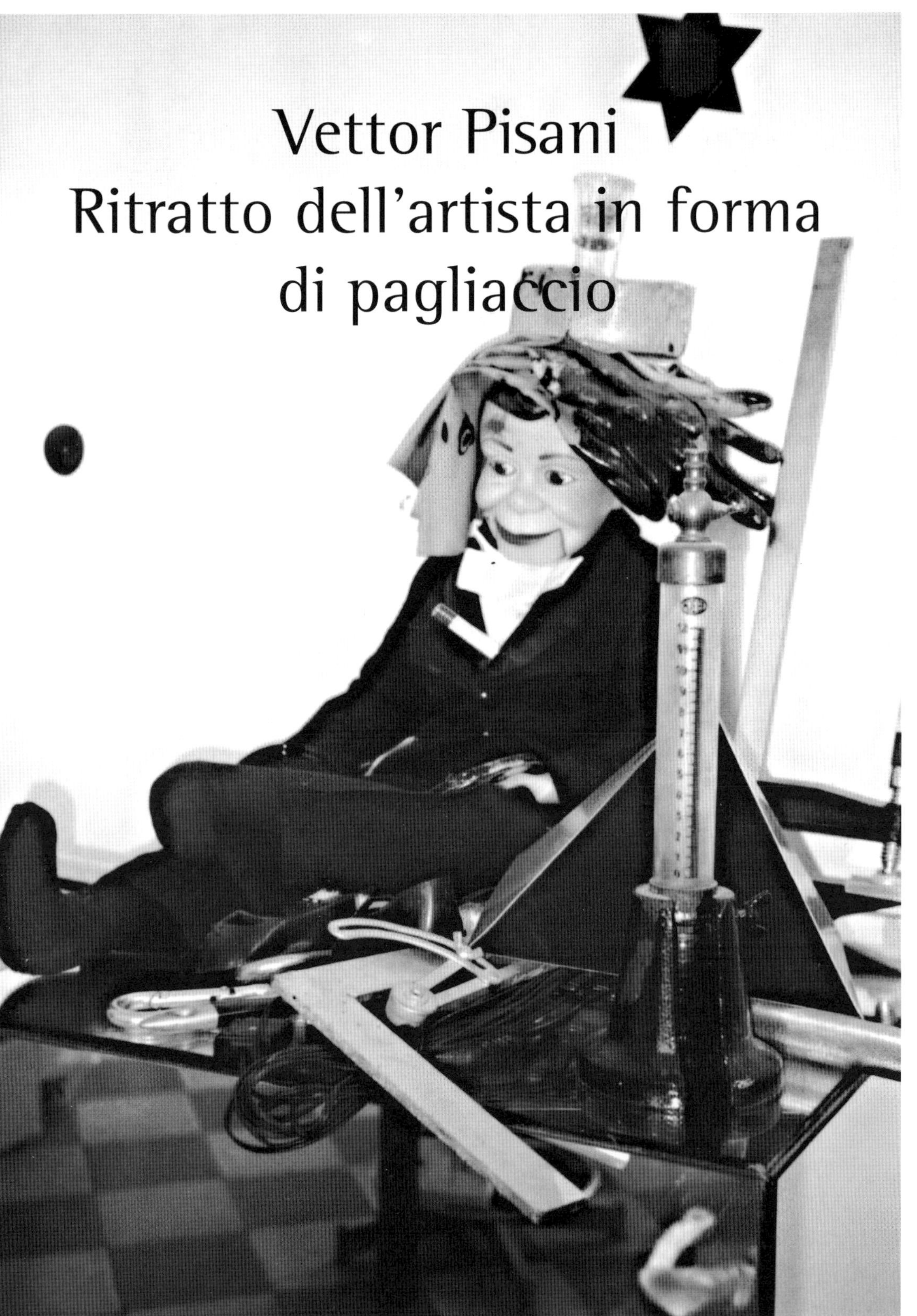

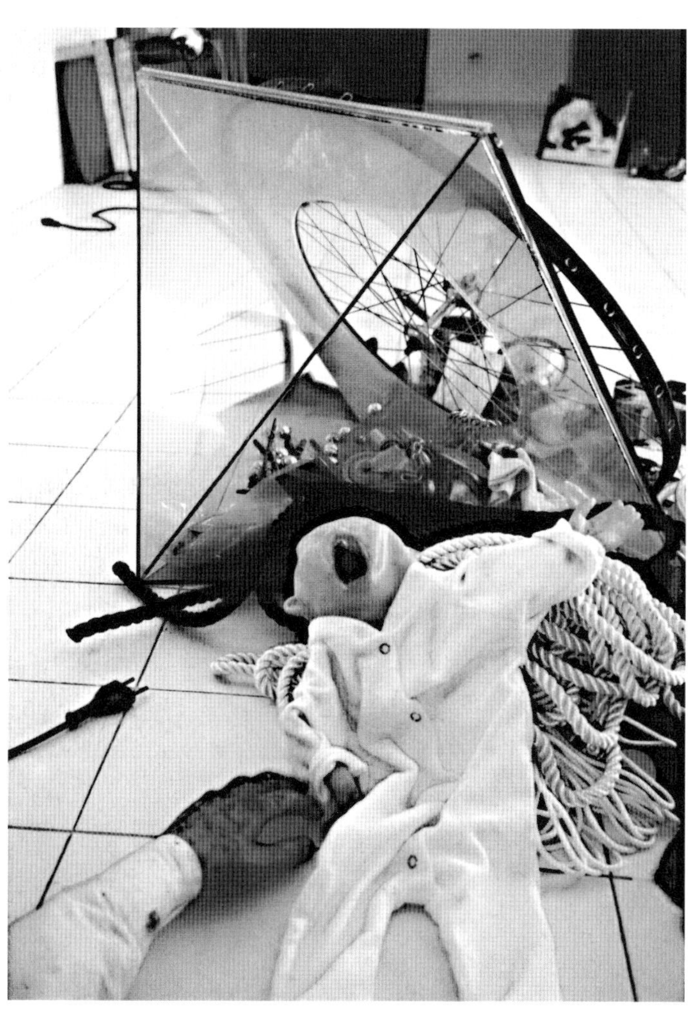

Campo magnetico ondulatorio con urlo, 1934

Matti di spirito e altri saggi

Da un sogno d'infanzia di Leonardo da Vinci: Storia dell'avvoltoio

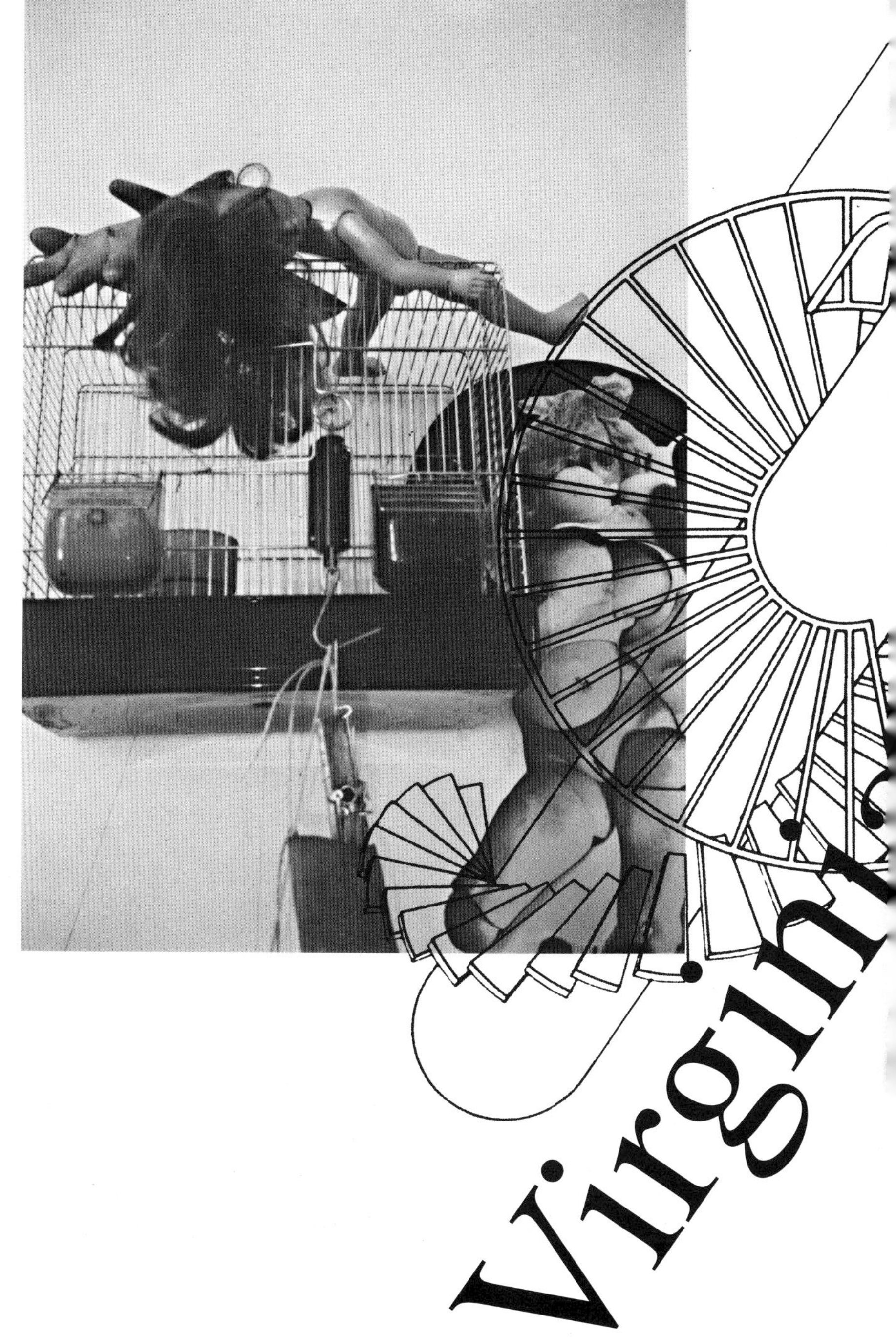

Virginia

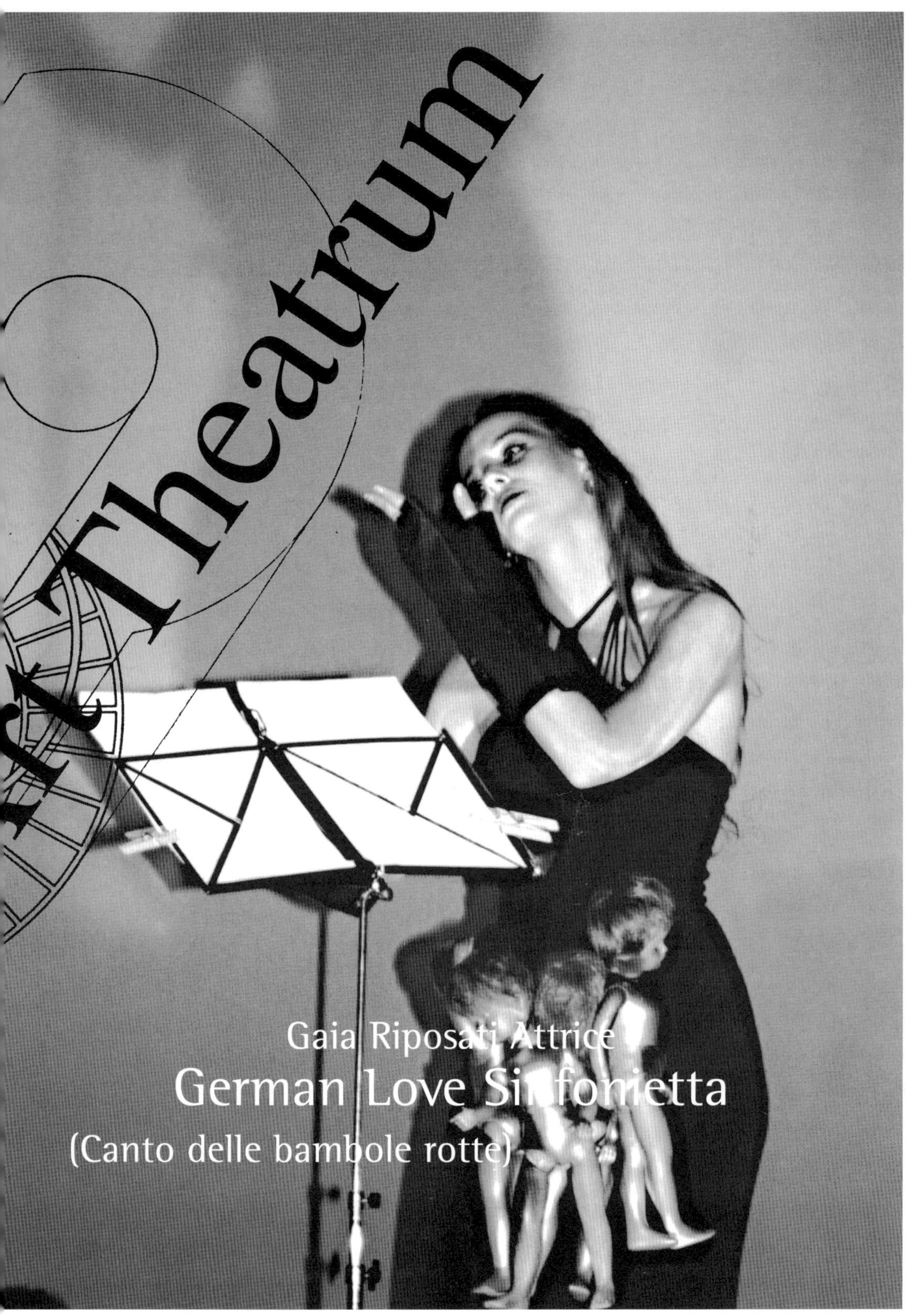
Theatrum
Art
Gaia Riposati Attrice
German Love Sinfonietta
(Canto delle bambole rotte)

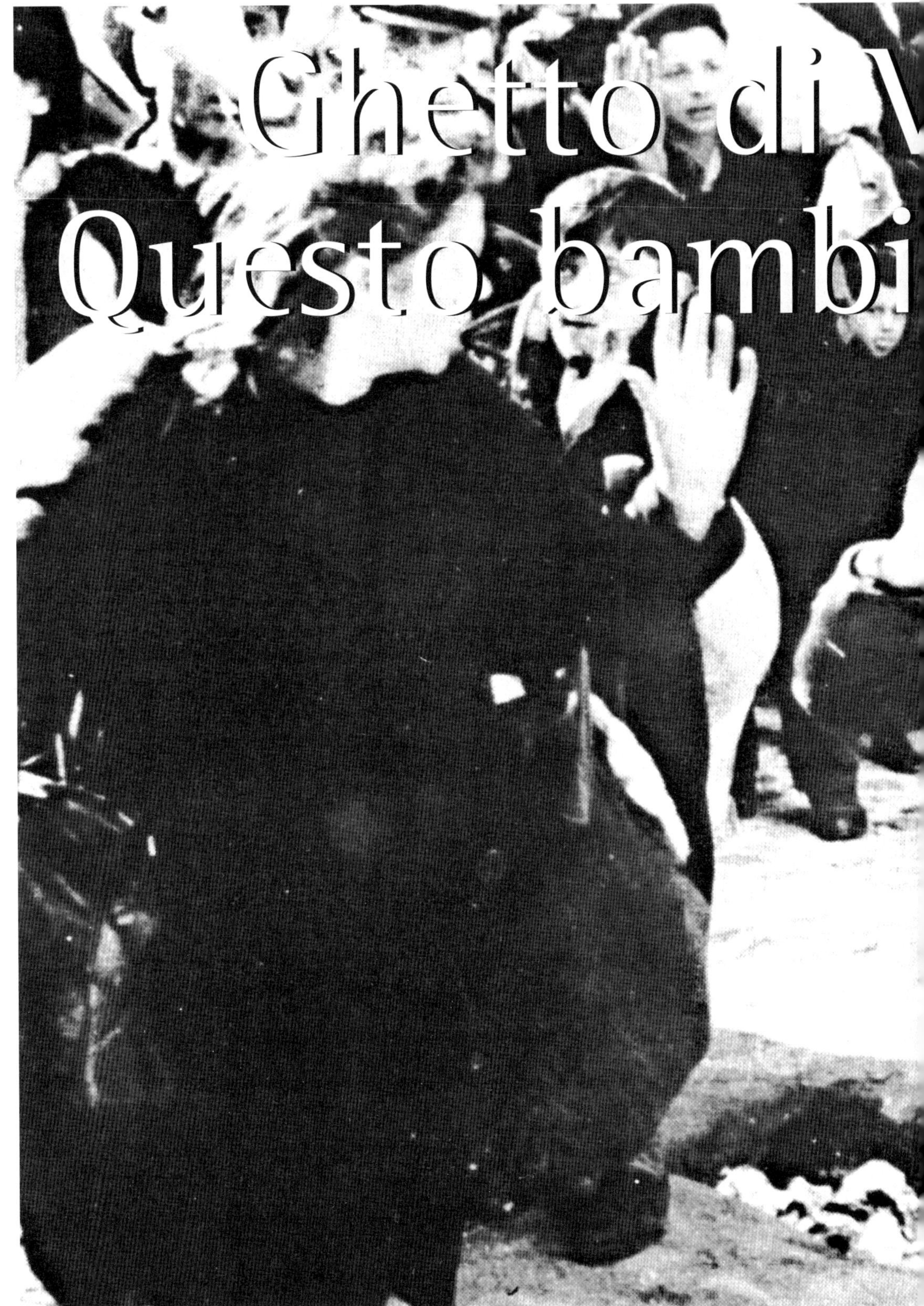# Ghetto di V
Questo bambi

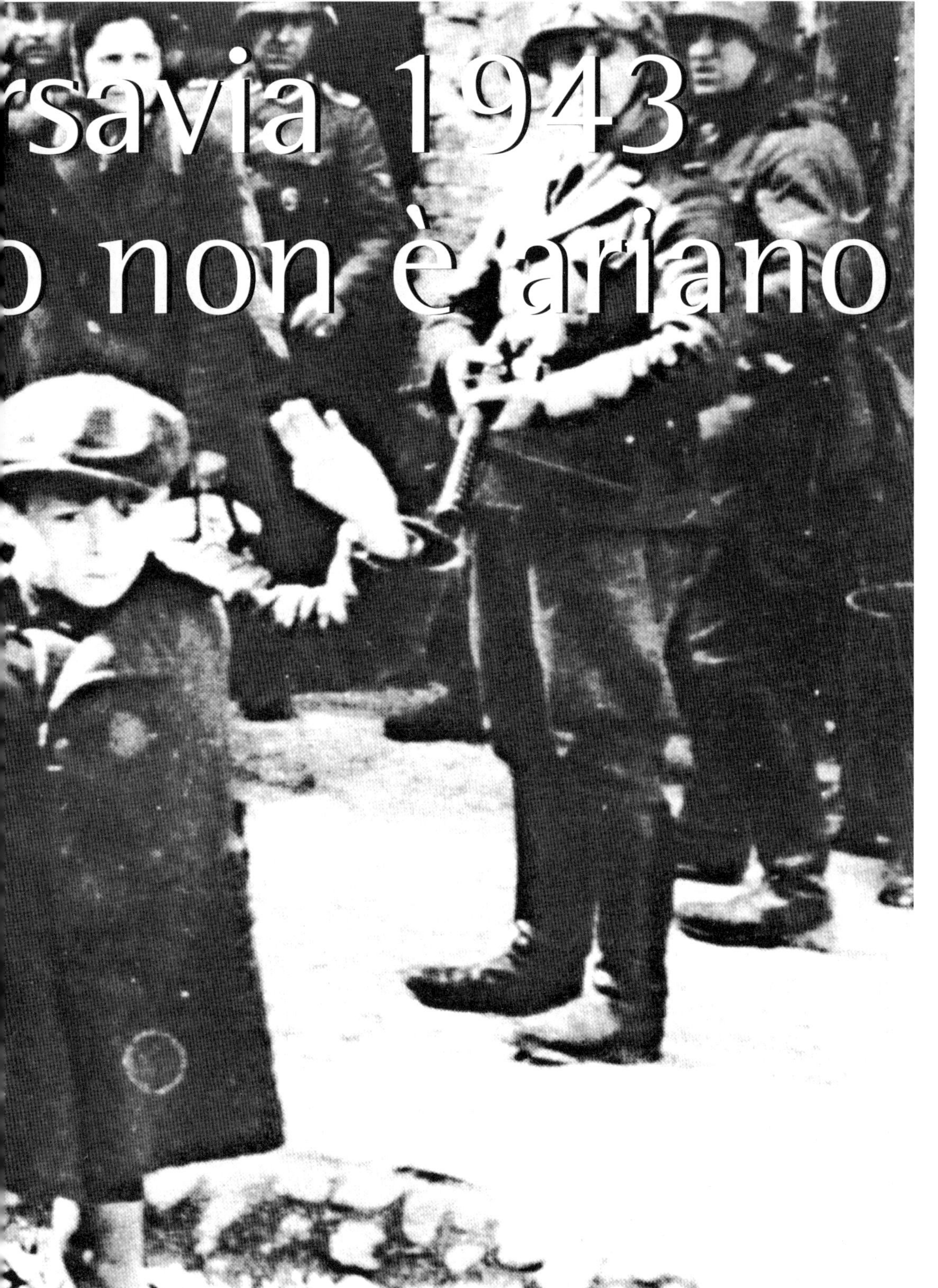rsavia 1943
o non è ariano

Al margine della follia
(notarella Rosacroce)

Freud, il padre della Psicanalisi, medita sulla Psicanalisi. Anche il cane Poldy, la mamma della Psicanalisi, medita sulla Psicanalisi. Noi tutti meditiamo sulla Psicanalisi, speriamo bene...

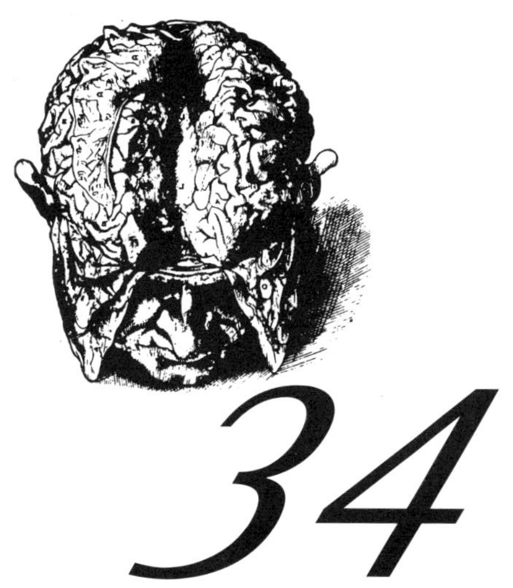

34

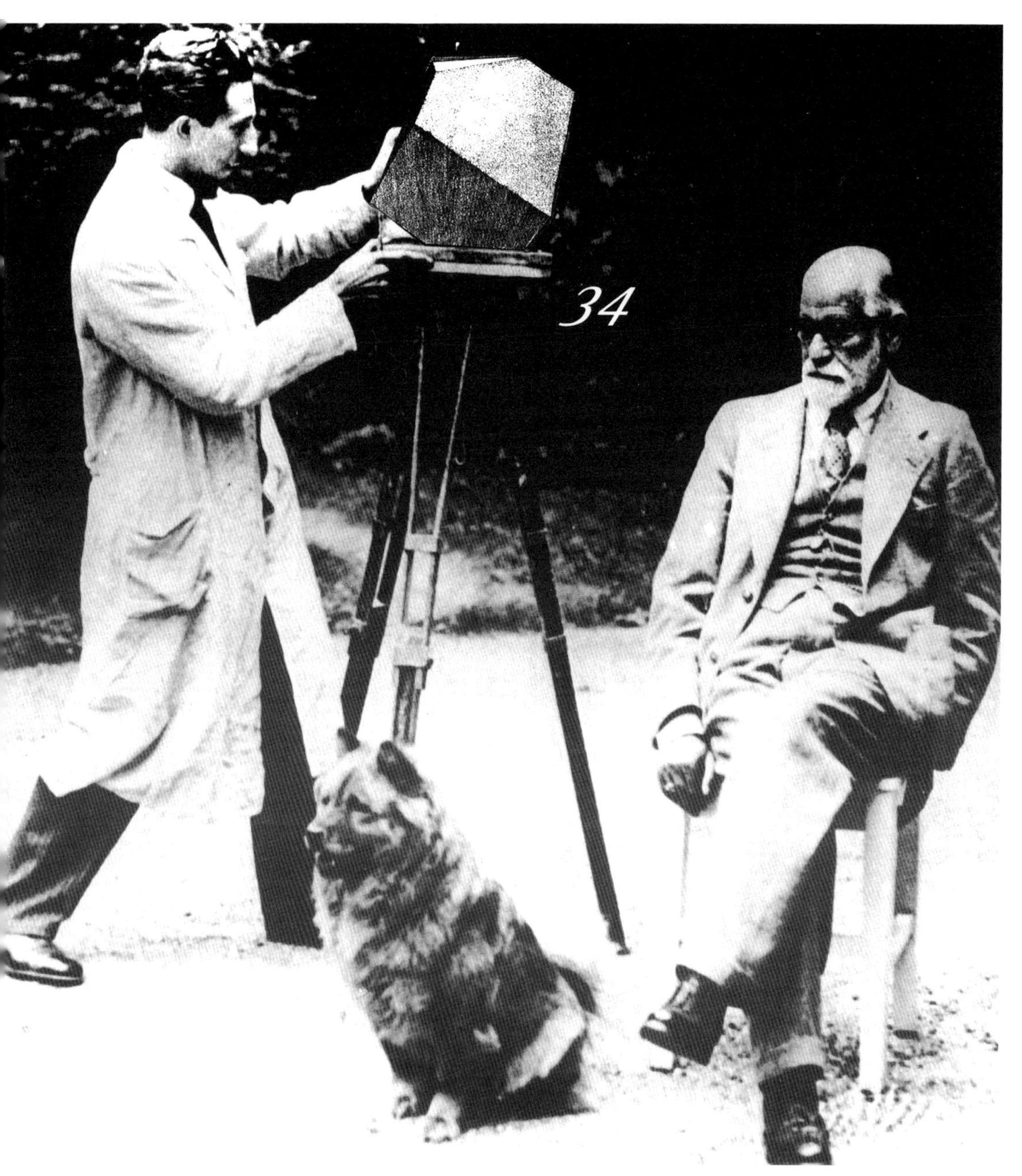

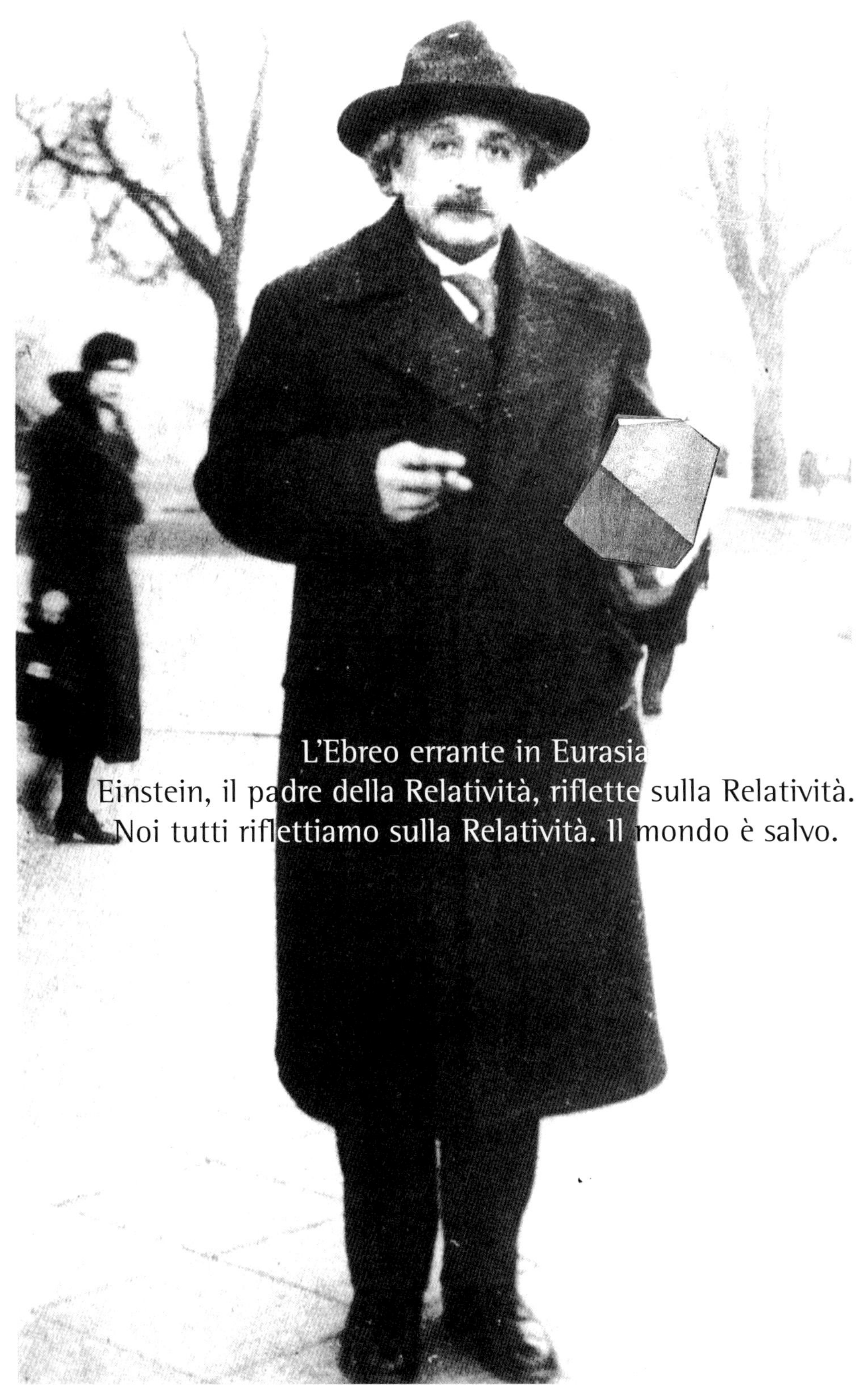

L'Ebreo errante in Eurasia
Einstein, il padre della Relatività, riflette sulla Relatività.
Noi tutti riflettiamo sulla Relatività. Il mondo è salvo.

Ger-Mania: Manicomio Rosacroce

Campo di sterminio nazista
Campo magnetico ondulatorio ad alta tensione

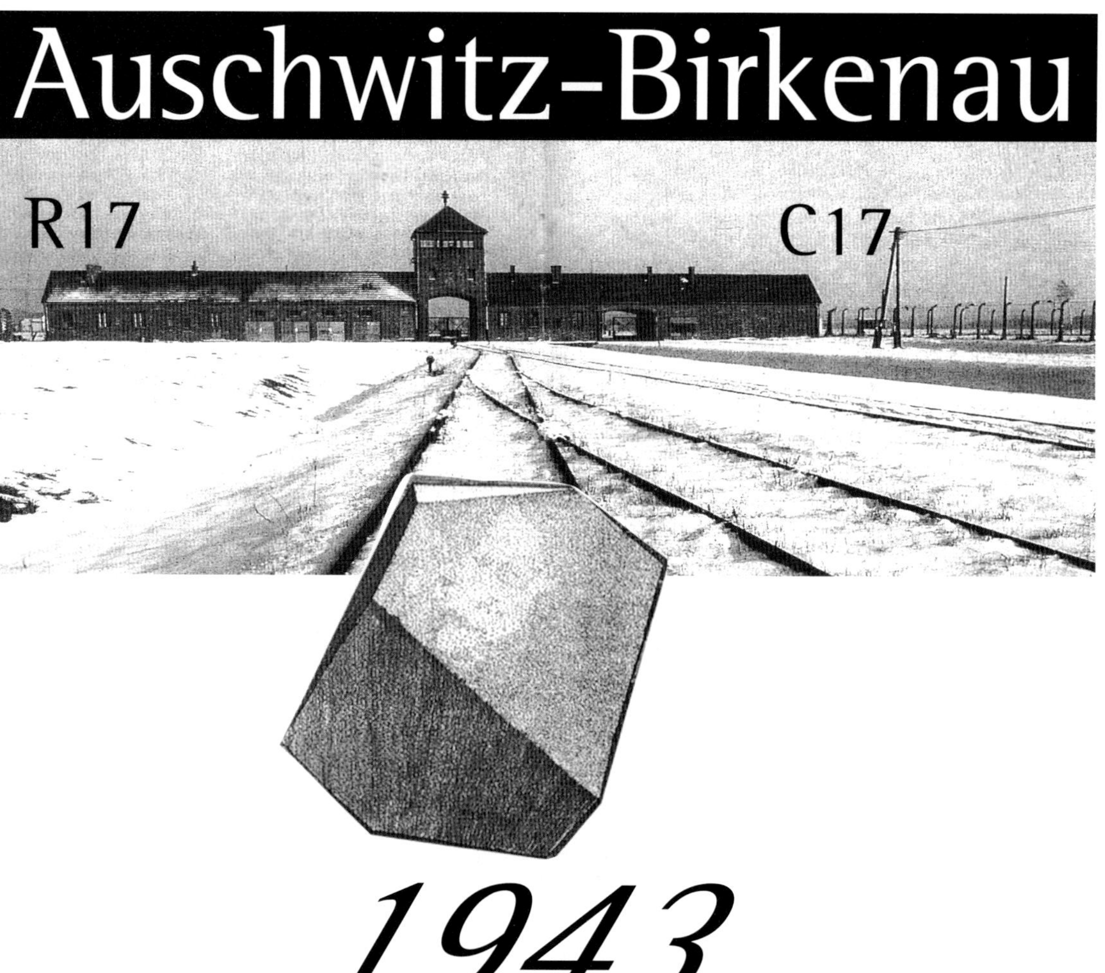

1943

Campi magnetici ondulatori
(seconda notarella Rosacroce)

Fantasmi azzurri: Marcel Duchamp gioca a scacchi con John Cage,
la Vergine è in trance (sospesa), la pietra azzurra filosofale vibra.

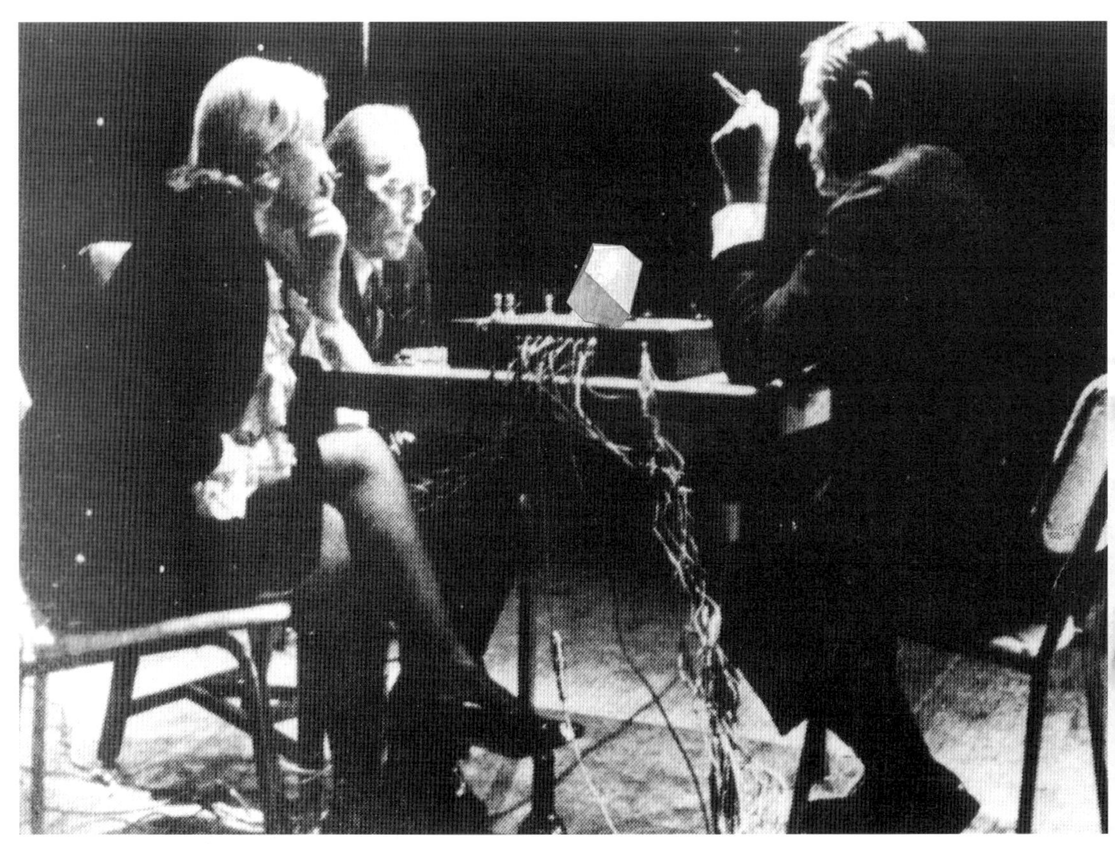

LA PI TRE LA LOGGIA TRE PUNTINE
Teatrino Chimico e Comico Rosacroce dedicato alle Tre Puntine della Vergine

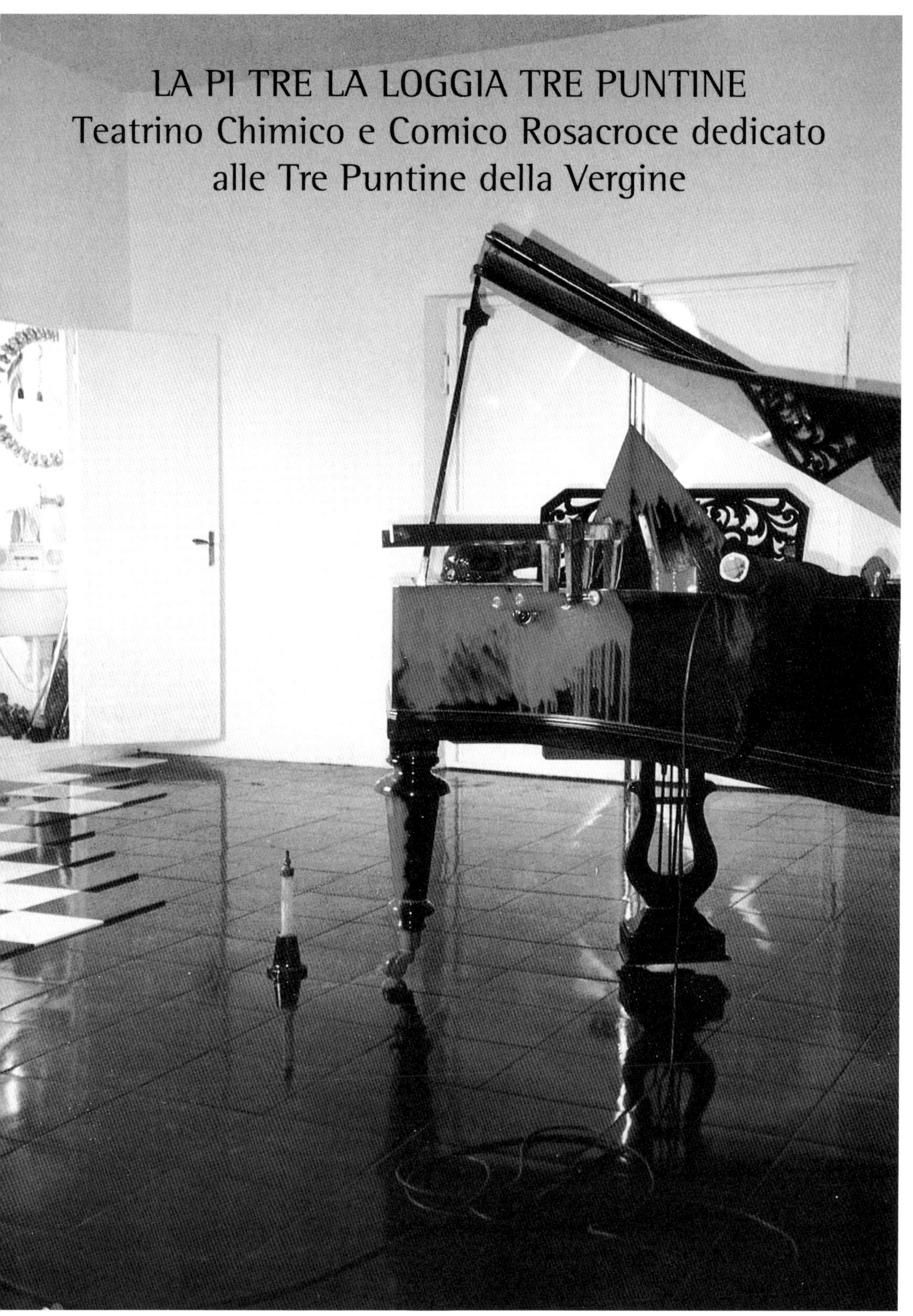

La partita a scacchi: il gioco filosofico

Marcel Duchamp gioca a scacchi con una donna nuda, la pietra azzurra filosofale è gelida, la Vergine ha freddo. Noi siamo perplessi.

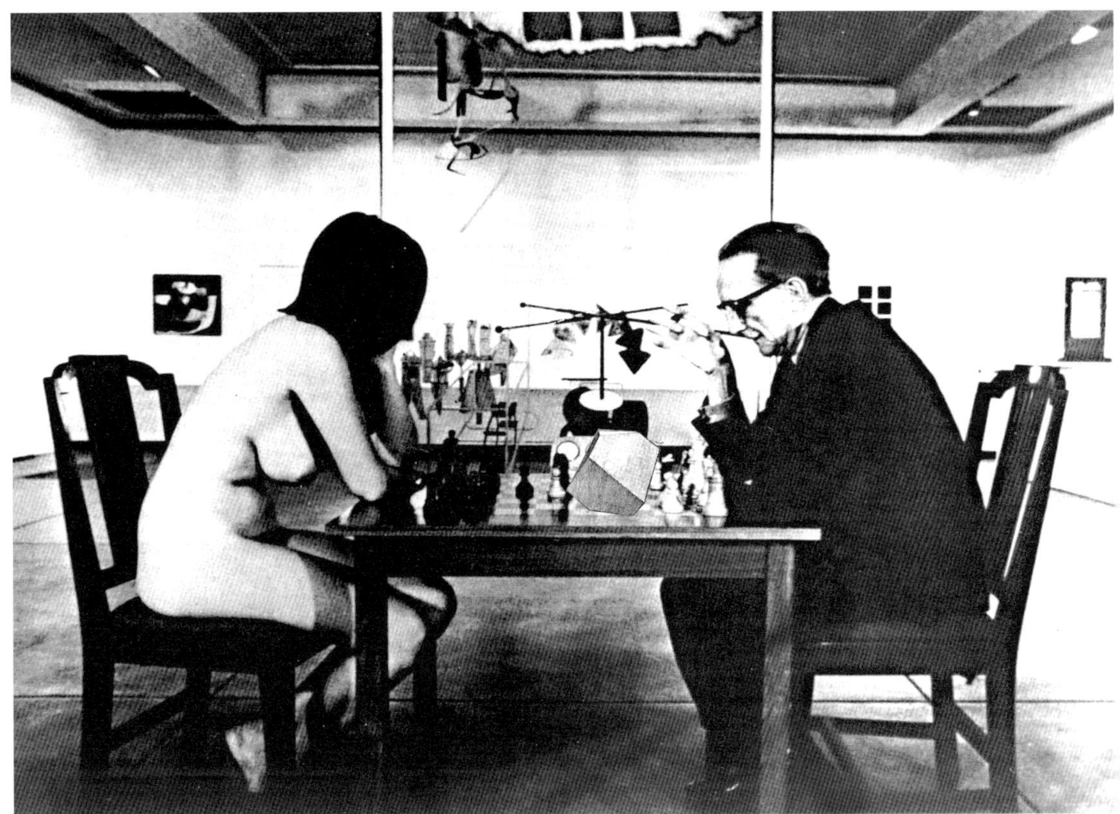

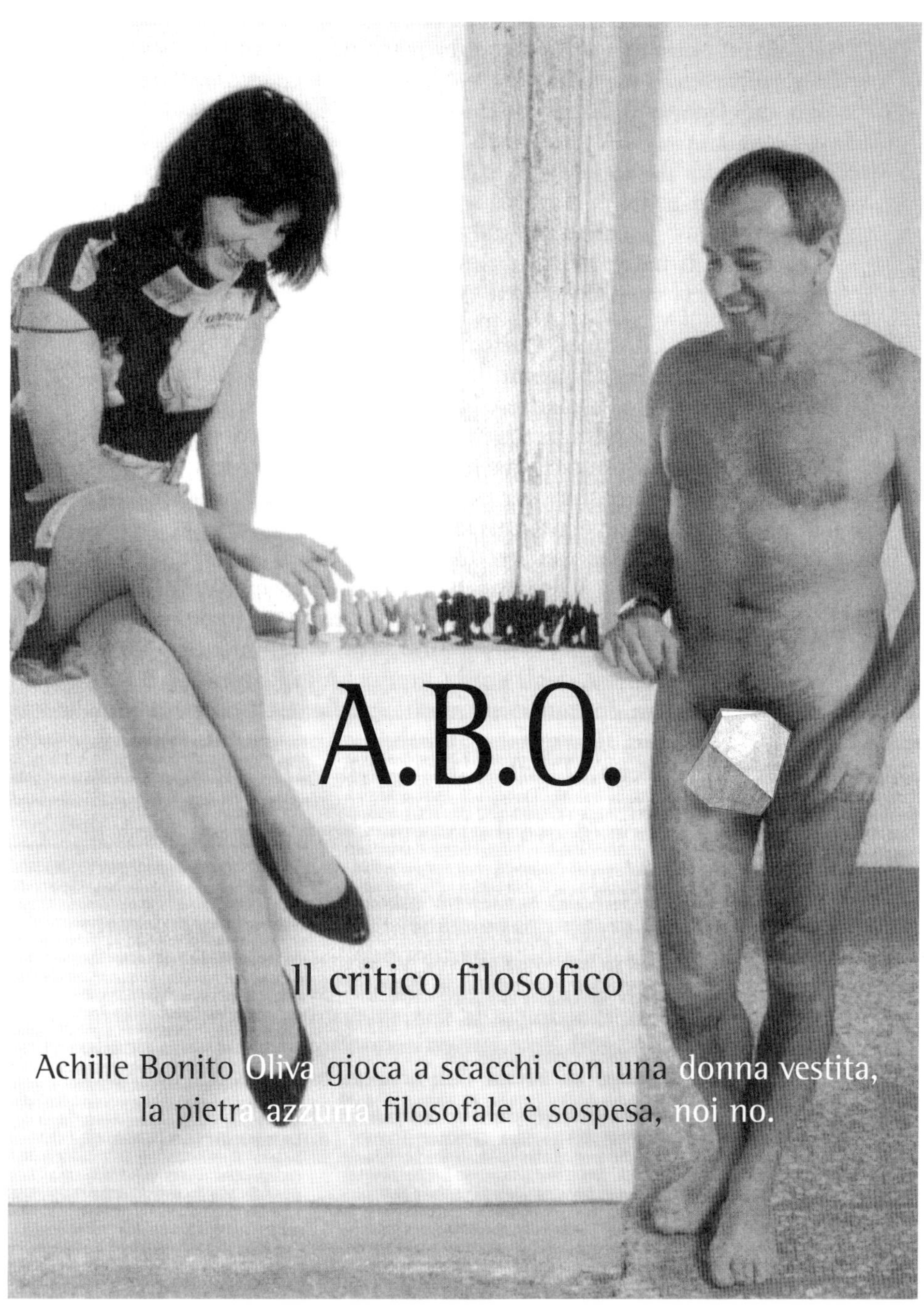

A.B.O.
Il critico filosofico
Achille Bonito Oliva gioca a scacchi con una donna vestita,
la pietra azzurra filosofale è sospesa, noi no.

Ludwig Wittgenstein
Casa filosofica per la sorella Margherita

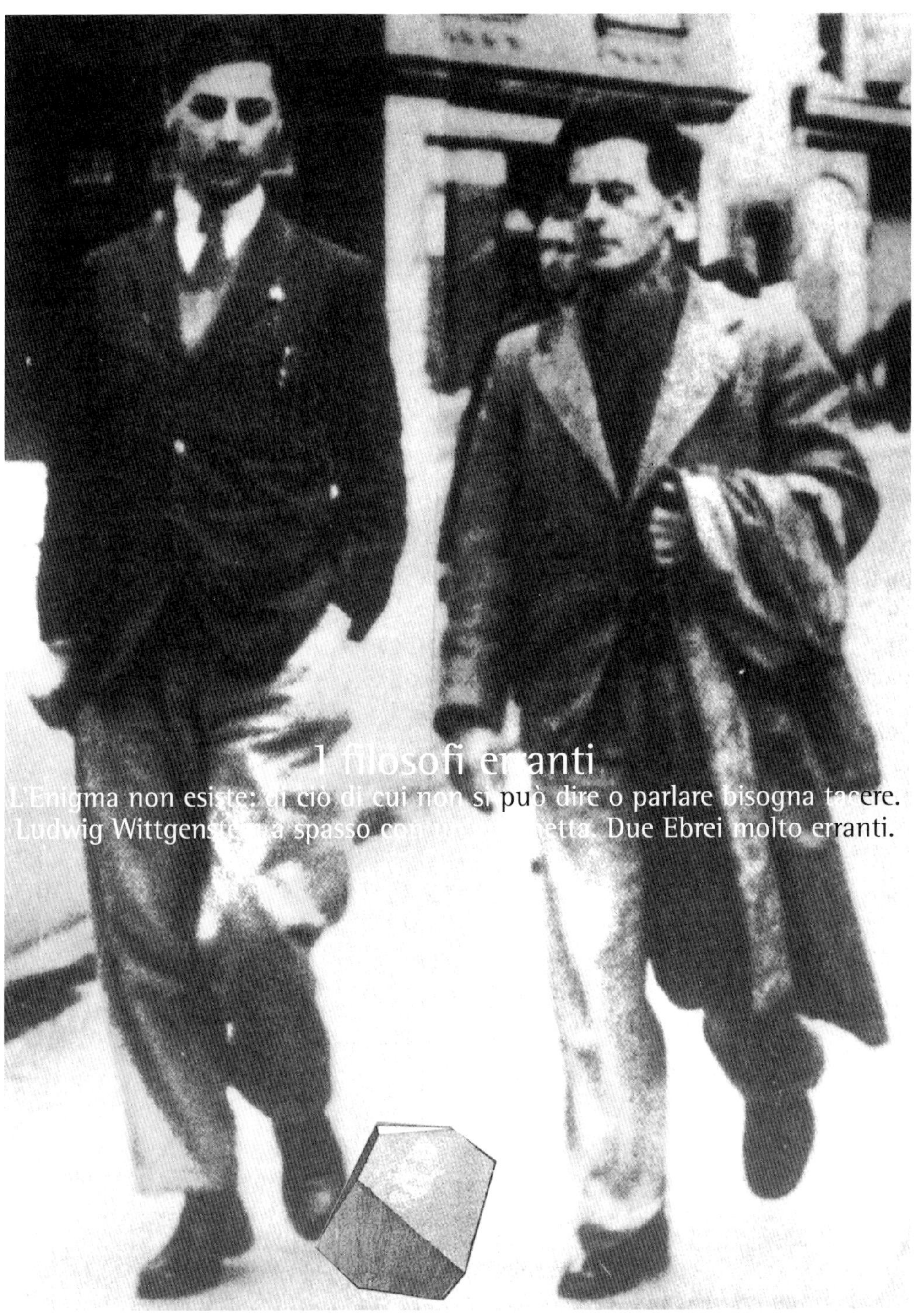
I filosofi erranti
L'Enigma non esiste: di ciò di cui non si può dire o parlare bisogna tacere.
Ludwig Wittgenstein a spasso con l'Enigmetta. Due Ebrei molto erranti.

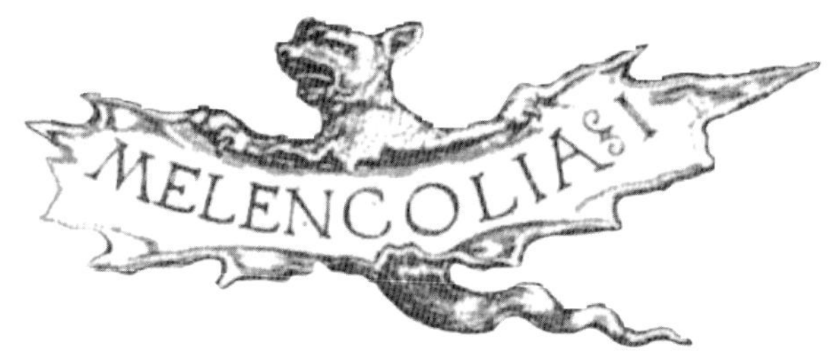

Lutto e Melanconia
17 + 17 = 34
33 + 1 = 34

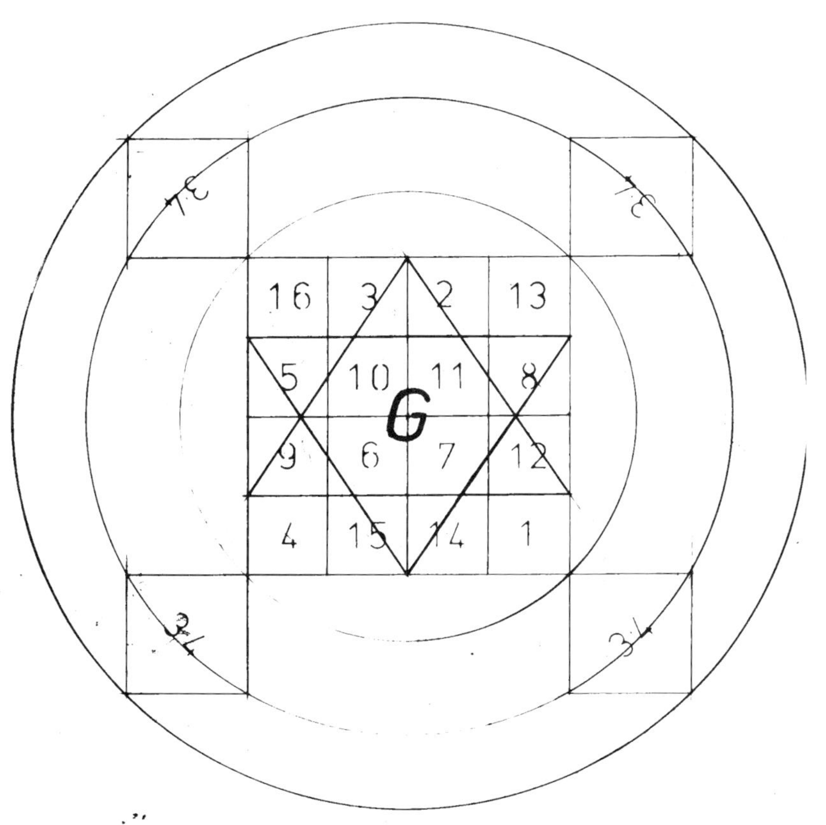

Albrecht Dürer: Die Melancholie

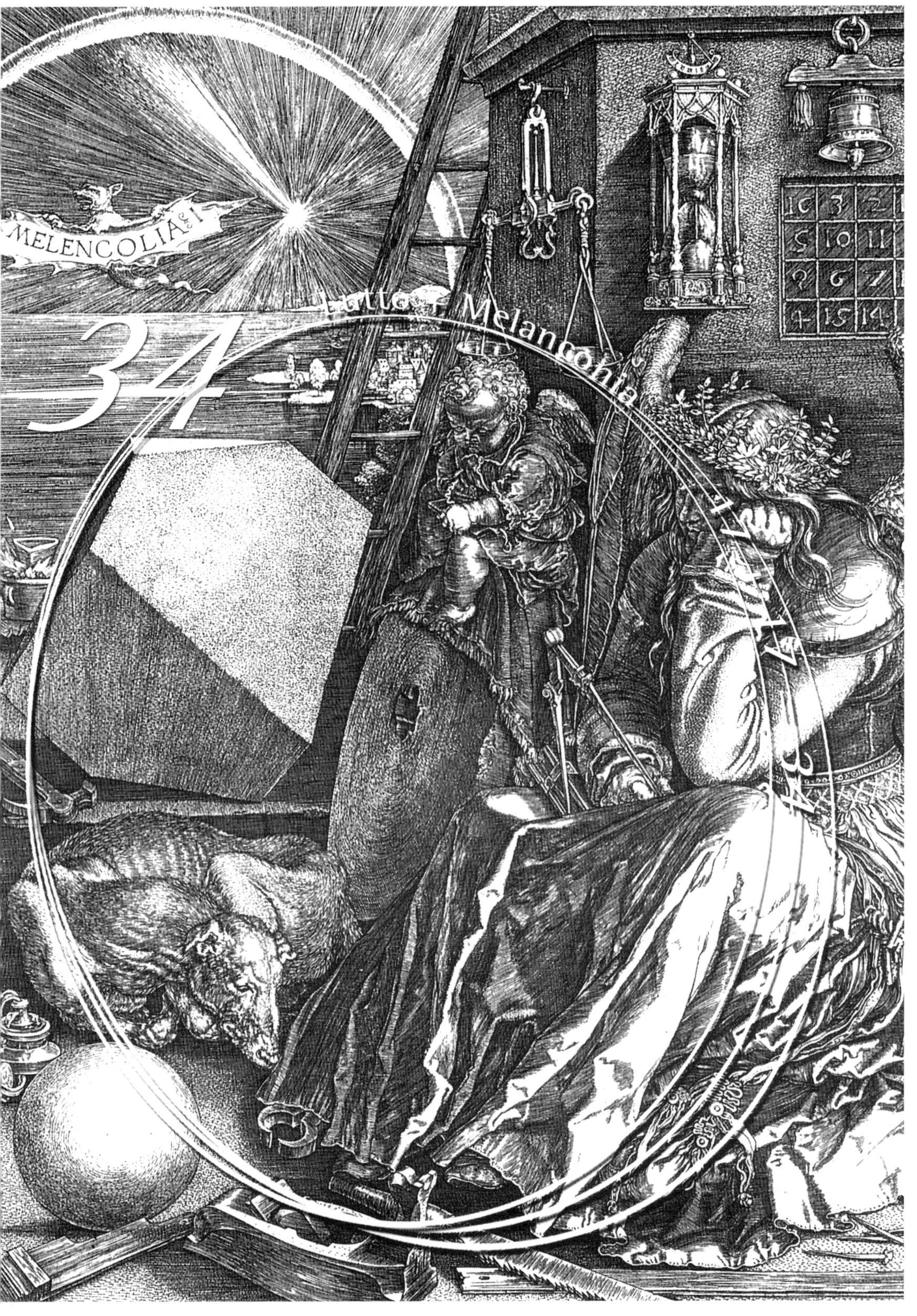
MELENCOLIA I
34
Lutto e Melanconia

Germania 1934.
Storia e leggenda dell'Ebreo errante
(L'ultima profezia della grande piramide)

Gli egittologi, matematici visionari e mistici, hanno voluto sempre vedere leggere e interpretare nella forma e nelle misure, nell'orientamento nel deserto della Grande Piramide di Giza, nei suoi oscuri interni labirintici percorsi, corridoi e camminamenti, oscure stanze, tenebrose e nere camere e camerette, nei gradini scoscesi e nelle sue scale faticose: una sorta di metafora del destino, una storia illustrata, annotata e depositata nelle pietre, del Popolo di Israele, della sua storia tragica, del suo travaglio e peregrinazione, dell'Errare senza fine di questo Popolo Eletto, sfortunato e infelice da sempre, fino alla sua recente catastrofe finale e annientamento.

Fu un giovane ebreo tedesco di Amburgo, Hermann Rosenblum, studente di Teologia all'Università di Tubinga, a scoprire per caso il rapporto misterioso fra la "Geometria", le proporzioni e le misure della Grande Piramide di Giza e il Labirinto di numeri mobili magici e simbolici e la sacra lettera G. del grande "Quadrato Magico Germanico".

Come tutti sanno, il Quadrato Magico Germanico, detto anche "Quadrato G. della Disgrazia" (G. da GERMANY). Parola sacra e di passo di sette lettere (3 + 4) con la iniziale G.

G. è la Lettera sacra e di passo della Massoneria Germanica. Il Quadrato Magico Germanico medievale e moderno, è inciso tra l'altro sulla torretta germanica della Melancolia di Dürer artista notoriamente germanico e tedesco.

I sedici numeri del Quadrato Magico Germanico sono:

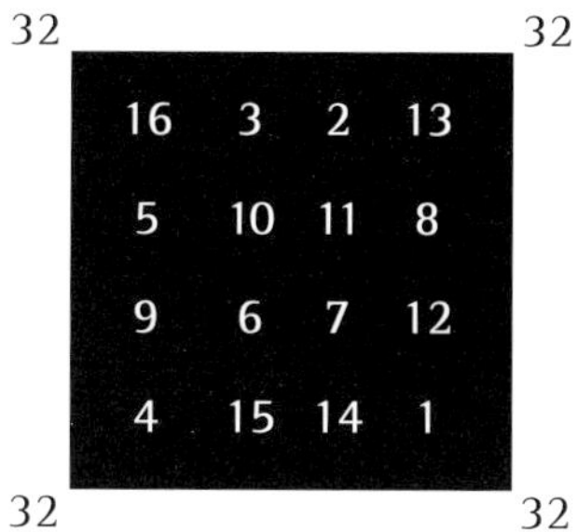

Il Quadrato Magico Germanico con la Lettera G. parola di sette lettere, (3 + 4) è un quadrato magico elastico e mobile di sedici caselle. La somma dei suoi quattro numeri interni in verticale, in orizzontale e in diagonale dà sempre (34) trentaquattro.

Questo è un Numero fatidico, irrazionale magico e catastrofico. Questo numero è detto, è definito dai Rosacroce: "Il Numero della Doppia Disgrazia Germanica" e dell'Infamia.

Questo numero porta davvero disgrazia.

Infatti come tutti sanno, 34 (trentaquattro) è la somma di due volte 17 (diciassette) che è il numero della disgrazia semplice germanica e internazionale.

$$17 \quad + \quad 17 \quad = \quad 34$$

Ma il numero trentaquattro può anche essere letto, esotericamente, alchimisticamente e secondo la Cabala come la somma di Trentatré più Uno uguale Trentaquattro.

$$33 + 1 = 34$$

In questo caso, secondo i Rosacroce: il numero Trentatré rappresenta il Cristo (gli anni della vita di Cristo, Trentatré gradi iniziatici massonici dello Scozzesismo); mentre il Trentaquattro rappresenta Satana l'Anticristo, Hitler la grande bestia apocalittica, scarlatta e nera, il Numero della Doppia Disgrazia Germanica e dell'Infamia, della catastrofe e della distruzione del Popolo Eletto, degli Ebrei e di Israele.

Fu Hermann Rosenblum, tedesco, ebreo errante di Amburgo, alla "Ricerca della Parola perduta" o dimenticata, a scoprire, a intuire, a capire e a leggere anzitempo, in anticipo, attraverso i propri studi esoterici: l'ultima, la più crudele ed atroce delle profezie della Grande piramide di Giza.

La tragica verità, successivamente, incredibilmente verificatasi e accaduta – così come poi dimostrarono gli avvenimenti storici: che tra il Millenovecentotrentatre (33) e il Millenovecentotrentaquattro (34) e il successivo rovesciamento di questo ultimo numero: il Millenovecentoquarantatre (43), ci sarebbe stato in Europa, così come avevano profetizzato la Sfinge e la Grande Piramide di Giza: l'Olocausto, la distruzione del Popolo Eletto e degli Ebrei.

Per l'esattezza, Adolf Hitler fu nominato cancelliere dal presidente Paul Ludwig von Hindenburg nel 1933. L'anno successivo, nel 1934, alla morte del presidente, Hitler si proclamò Führer del Reich tedesco e divenne il Dittatore Germanico.

L'Olocausto e la distruzione degli Ebrei si avverò e si concluse fatalmente fra il 1934 e il rovesciamento di questo ultimo numero, nel 1943. Fine e termine e conclusione del Secondo Conflitto Mondiale, così come avevano preannunciato e profetizzato la Sfinge e la Grande Piramide di Giza.

A proposito della Sfinge di Giza e della Grande Piramide di Cheope, dimenticavo di dire che Giza è una parola di quattro lettere e dal triplice suono e significato, con la iniziale G. e che esotericamente significa: "Luogo o Collina o Labirinto" della vergogna, della catastrofe e dell'infamia in Egitto, in Israele e in Germania.

Trentaquattro è invece, per chi non lo sapesse, un numero che porta sfortuna e disgrazia, e questo non solo in Germania, ma anche in Italia e dappertutto.

A Roma esiste, così per caso, una Società, un'agenzia di Pompe Funebri il cui numero telefonico è, guarda caso, il trentaquattro, trentaquattro, trentaquattro. Telefonare per credere!

Roma, Pompe Funebri tel. 343434

Nella serie dei sette numeri magici del Grande Quadrato Magico Germanico che sono 1-2-3-4-7-12-34: il sette è la somma del tre e del quattro, il ternario e il quaternario, il maschile e il femminile, il cerchio e il quadrato, il dodici è la moltiplicazione del tre e del quattro il trentaquattro è invece la successione di questi due ultimi numeri, la fine e la catastrofe, l'uscita dalla perfezione.

Vi consigliamo comunque, a fin di bene, di usare sempre il sette e il dodici che sono numeri fortunatissimi in quanto il sette è il numero della Fortuna e delle Muse della creazione e della Genesi, infatti GENESIS è una parola di sette lettere con l'iniziale G. Lettera sacra e divina della creazione di Dio, Geova (Jehovah) altra parola e nome di sette lettere con la iniziale G., e il dodici che è il numero delle Costellazioni, degli Apostoli e dell'Universo.

Vi auguriamo infine molta Fortuna e Salute e anche Grazia Gloria Giustizia e Gioia tre o quattro belle parole con la lettera G.

A-B-C-D-E-F-G... Ah dimenticavo di dirvi che la G., la lettera sacra e divina, la Lettera d'Oro della Massoneria è la settima lettera dell'alfabeto, tre più quattro (3 + 4).

Fortuna, fortuna signori e signore, ragazzi e bambine, fortuna e grazia.

Vettor Pisani
Artista e architetto,maestro muratore
Rosacroce (Diciottesimo grado dell Scozzesismo)

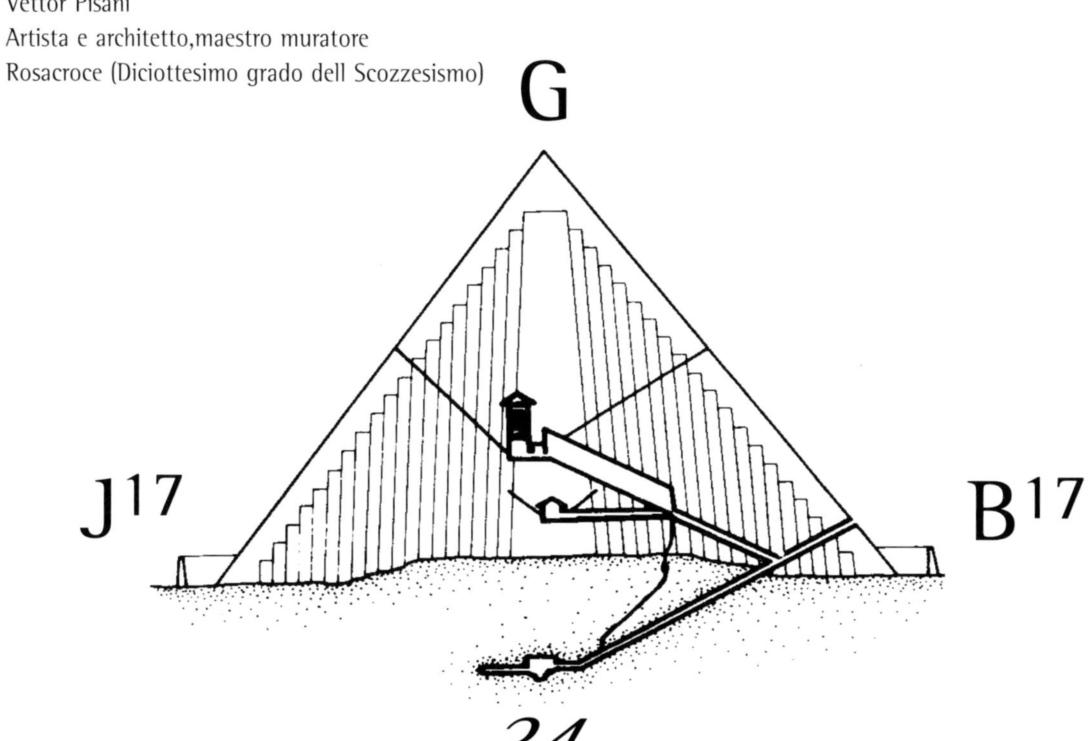

Piramide di Cheope: Sezione occidentale della Grande Piramide

Virginia Art Theatrum
(Museo della Catastrofe)

Pagine a colori

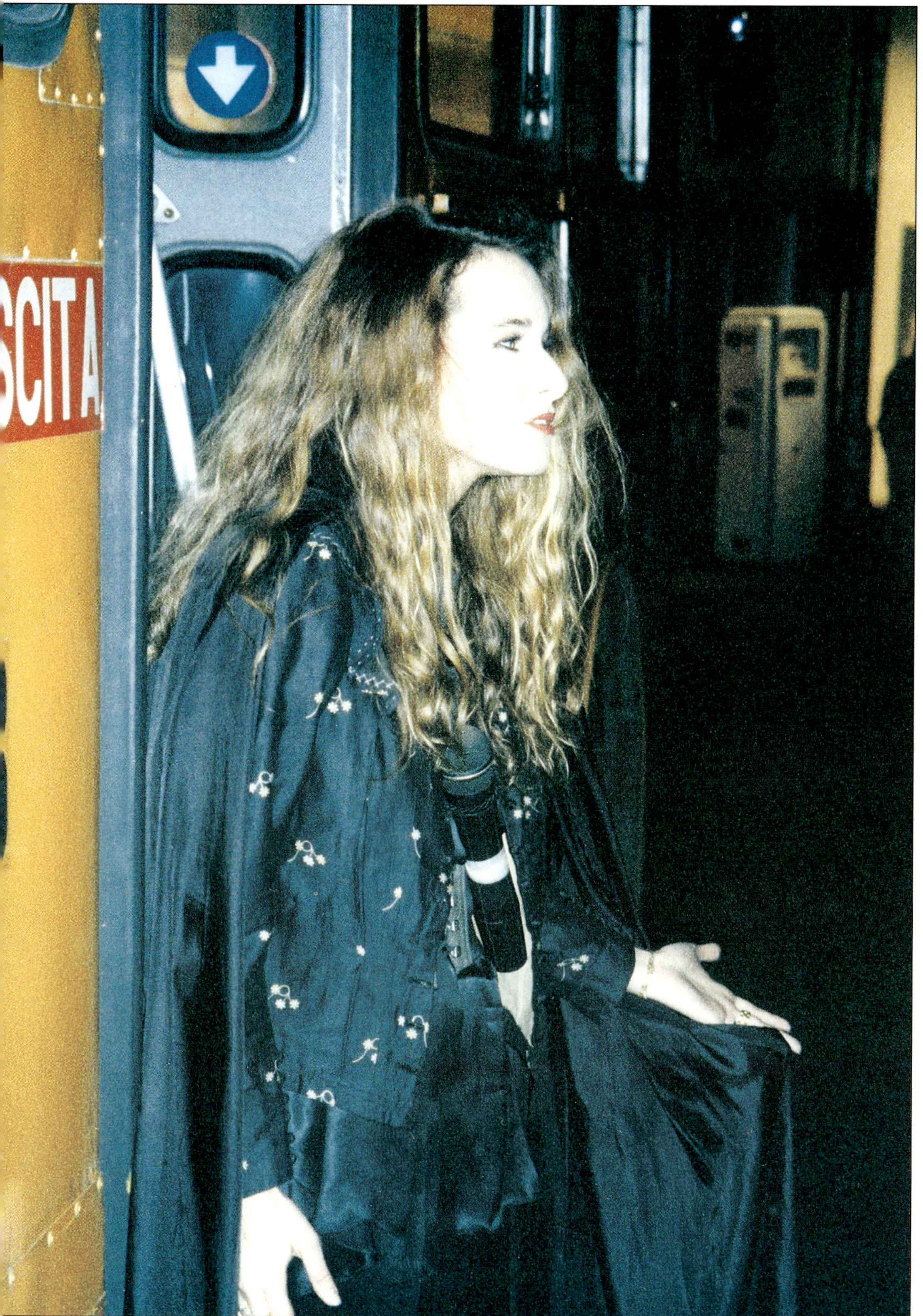
SCITA

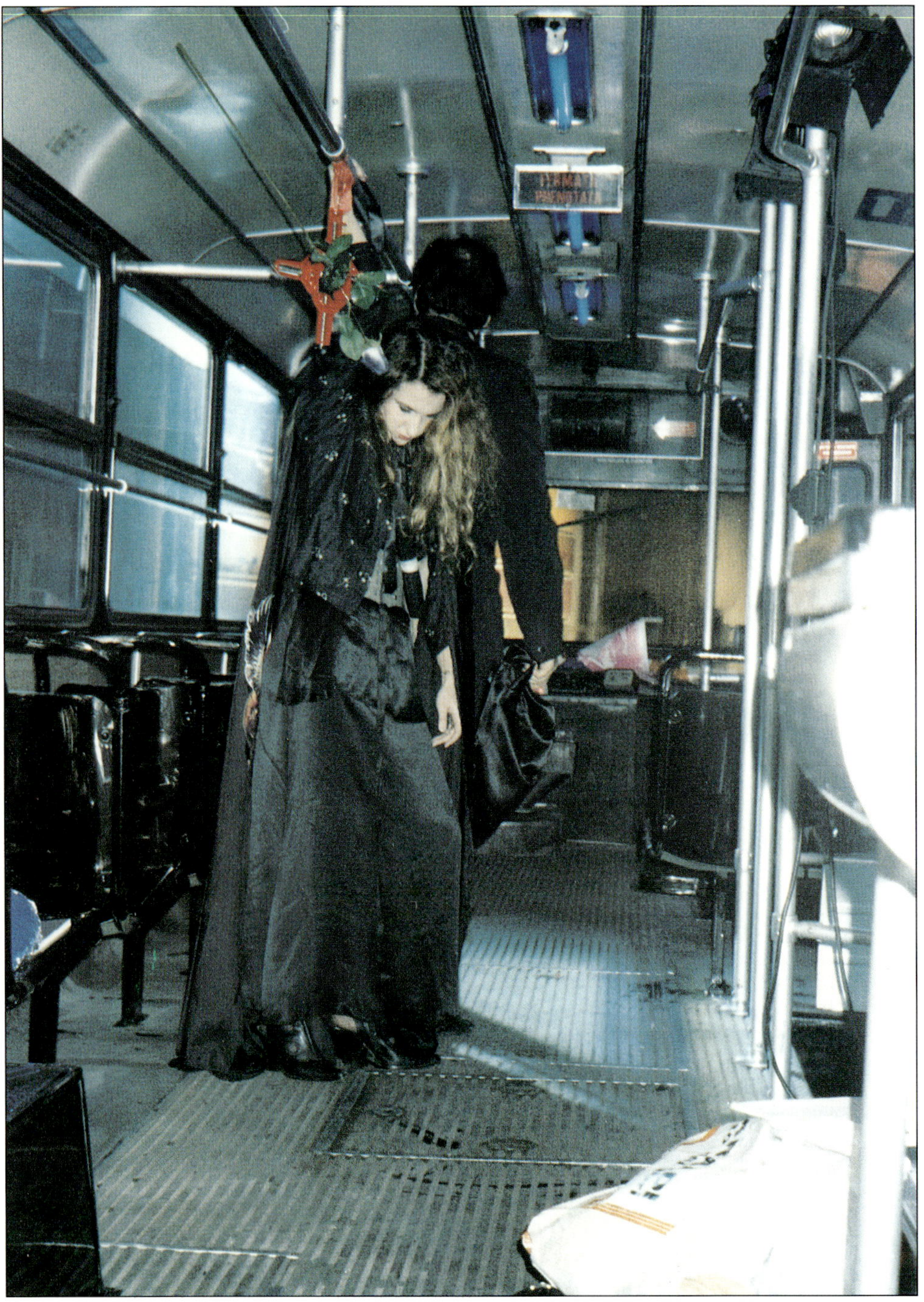

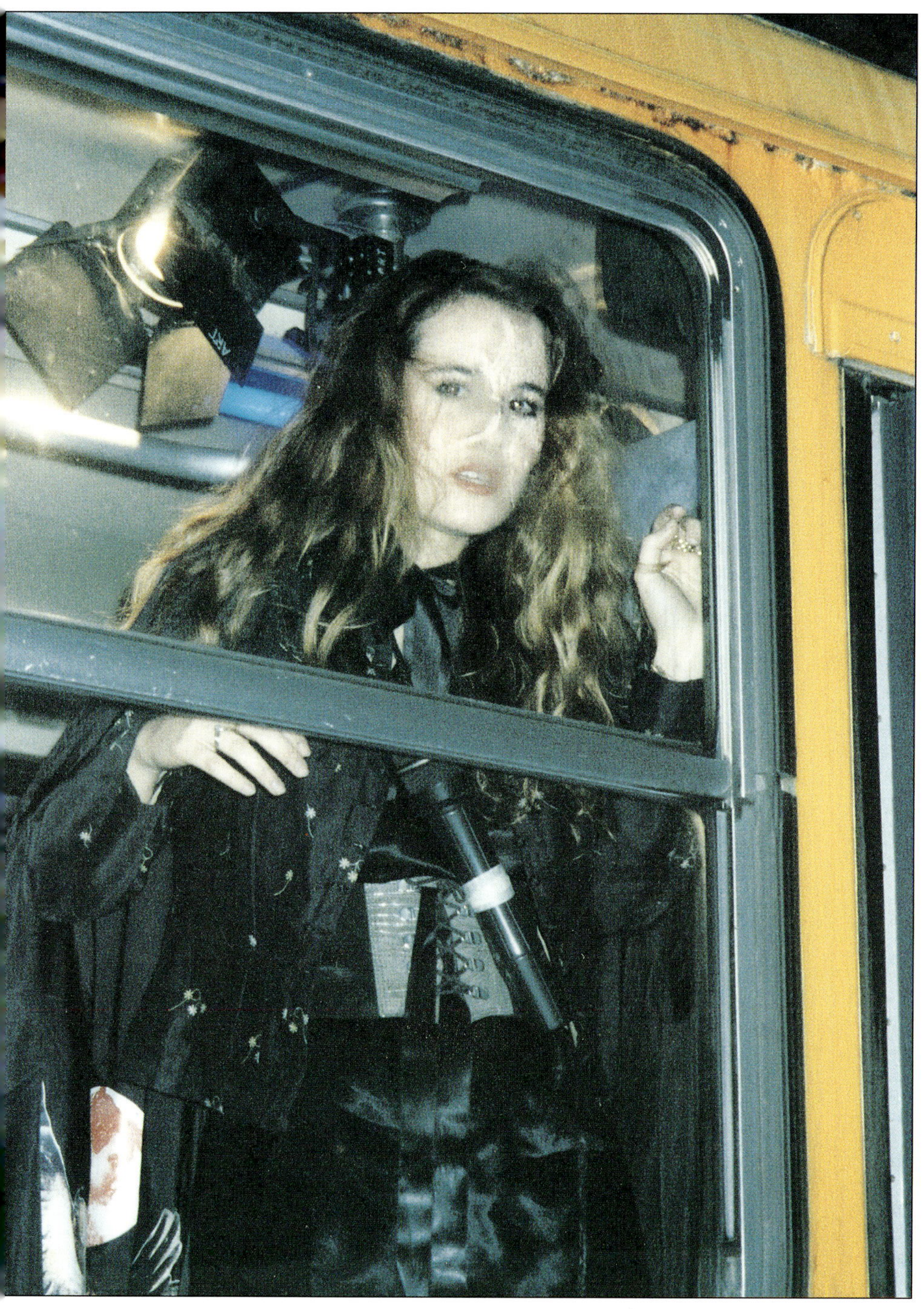

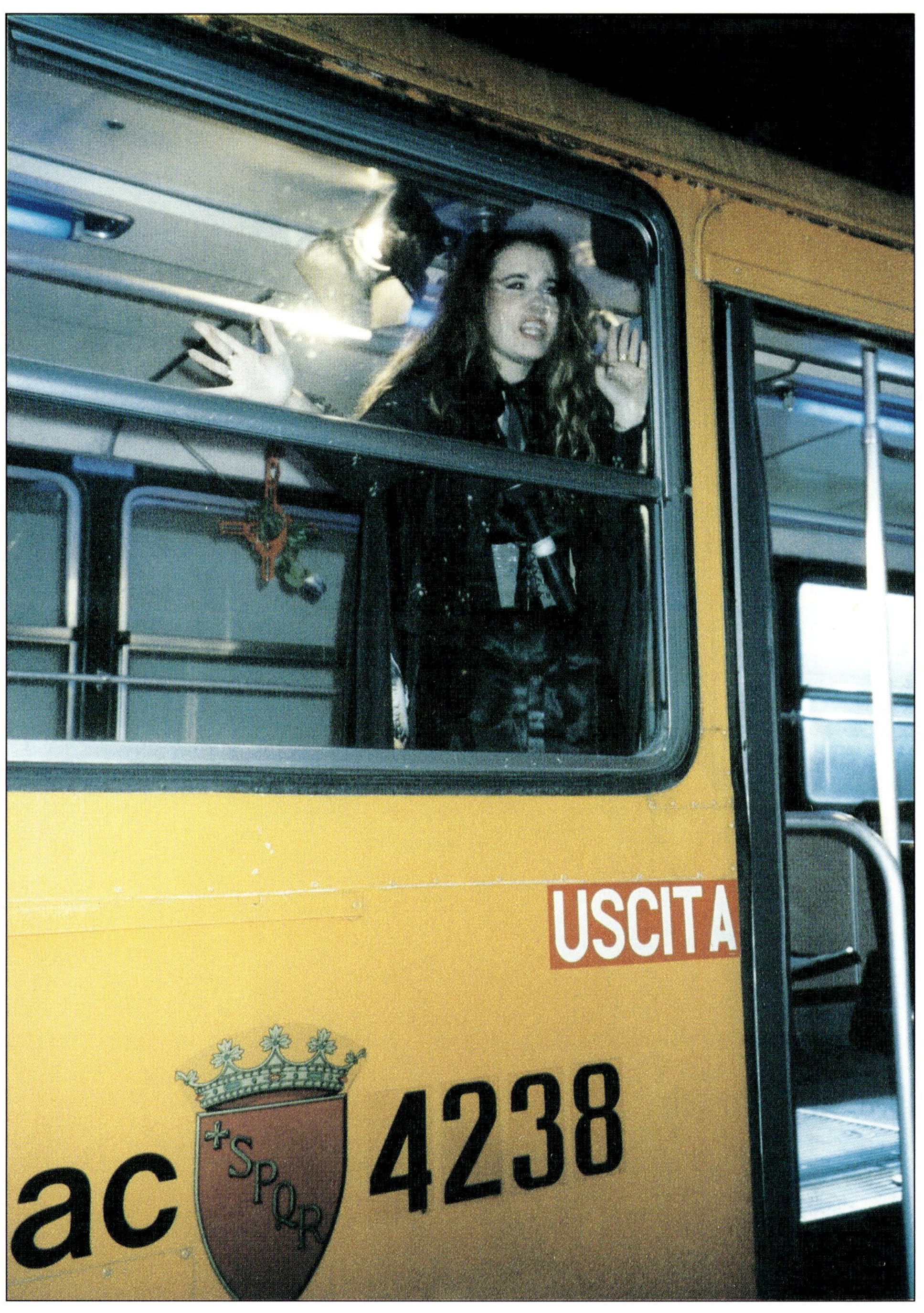

USCITA
ac 4238
SPQR

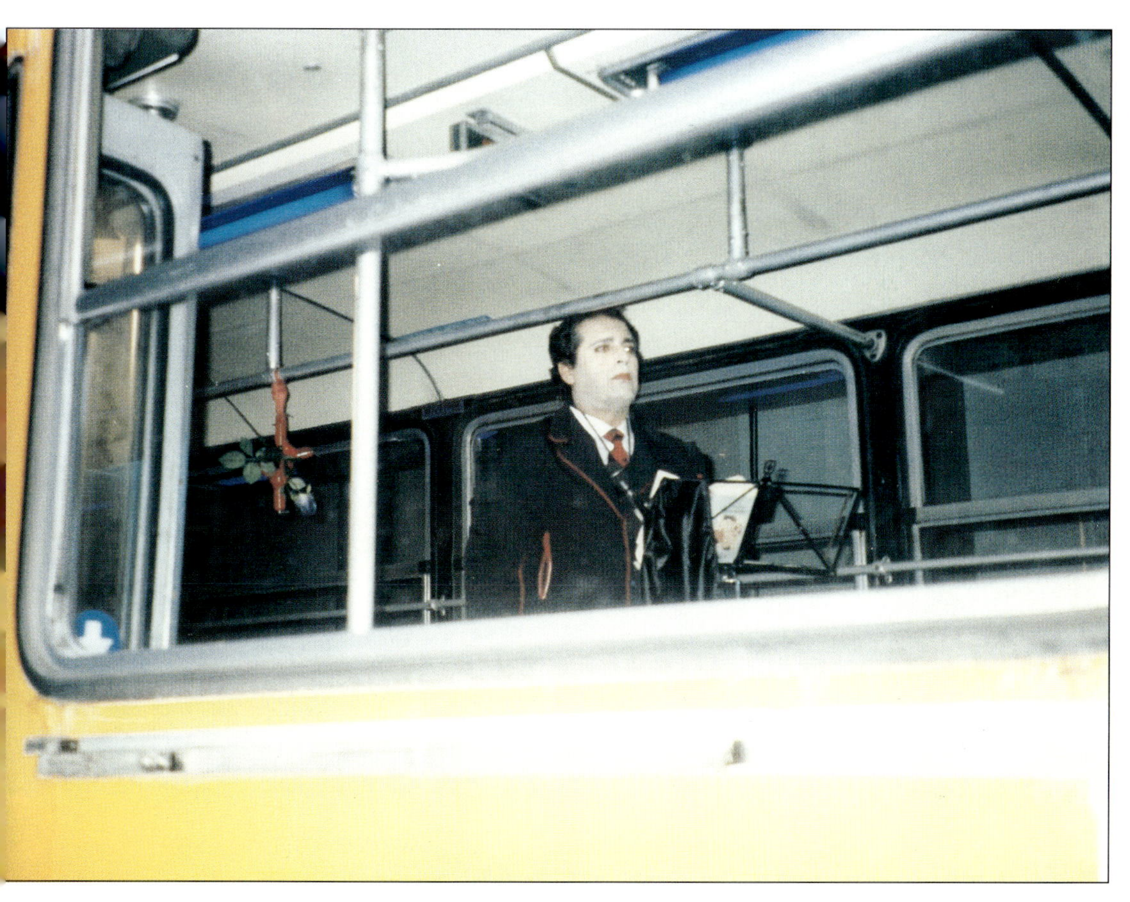

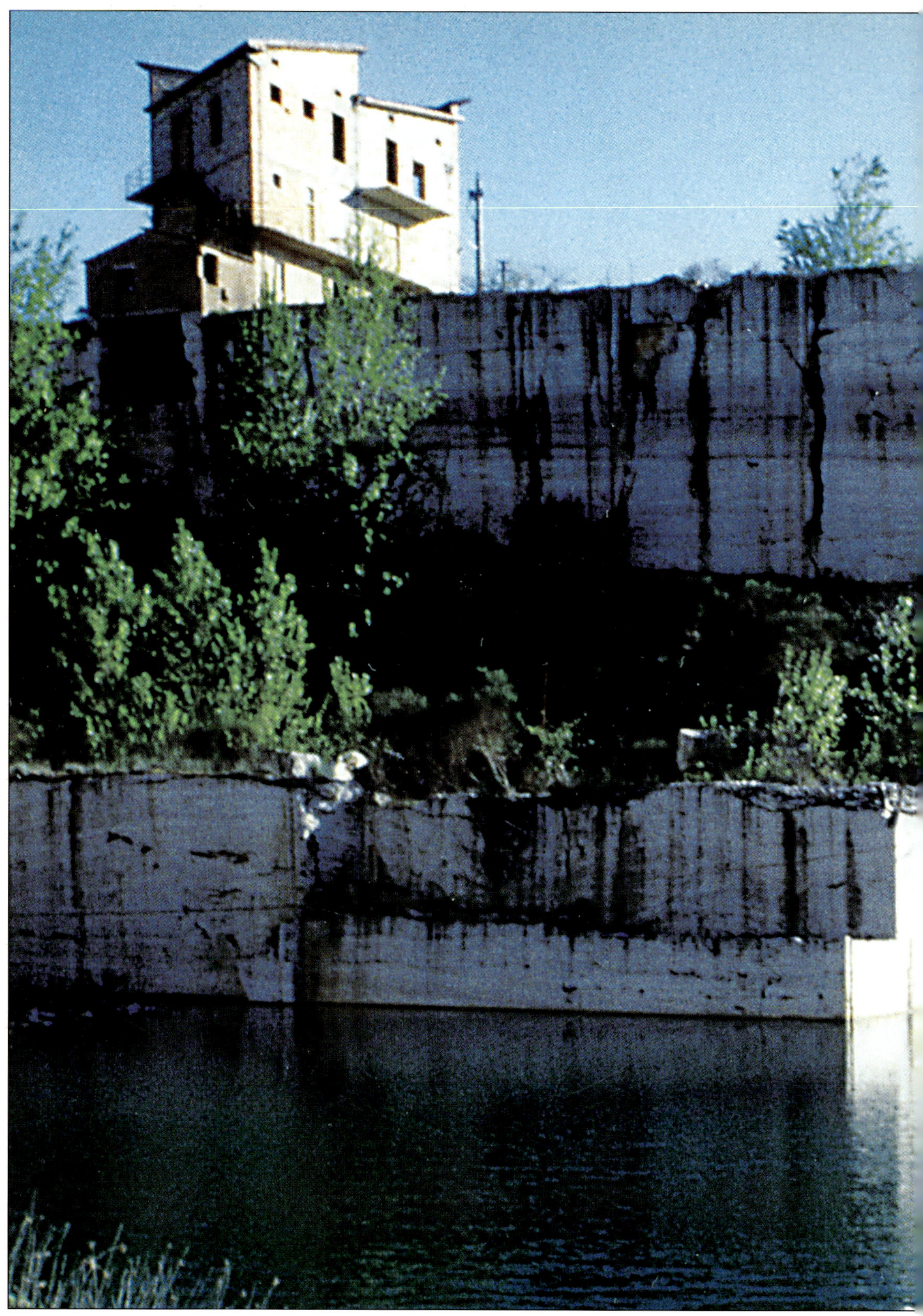

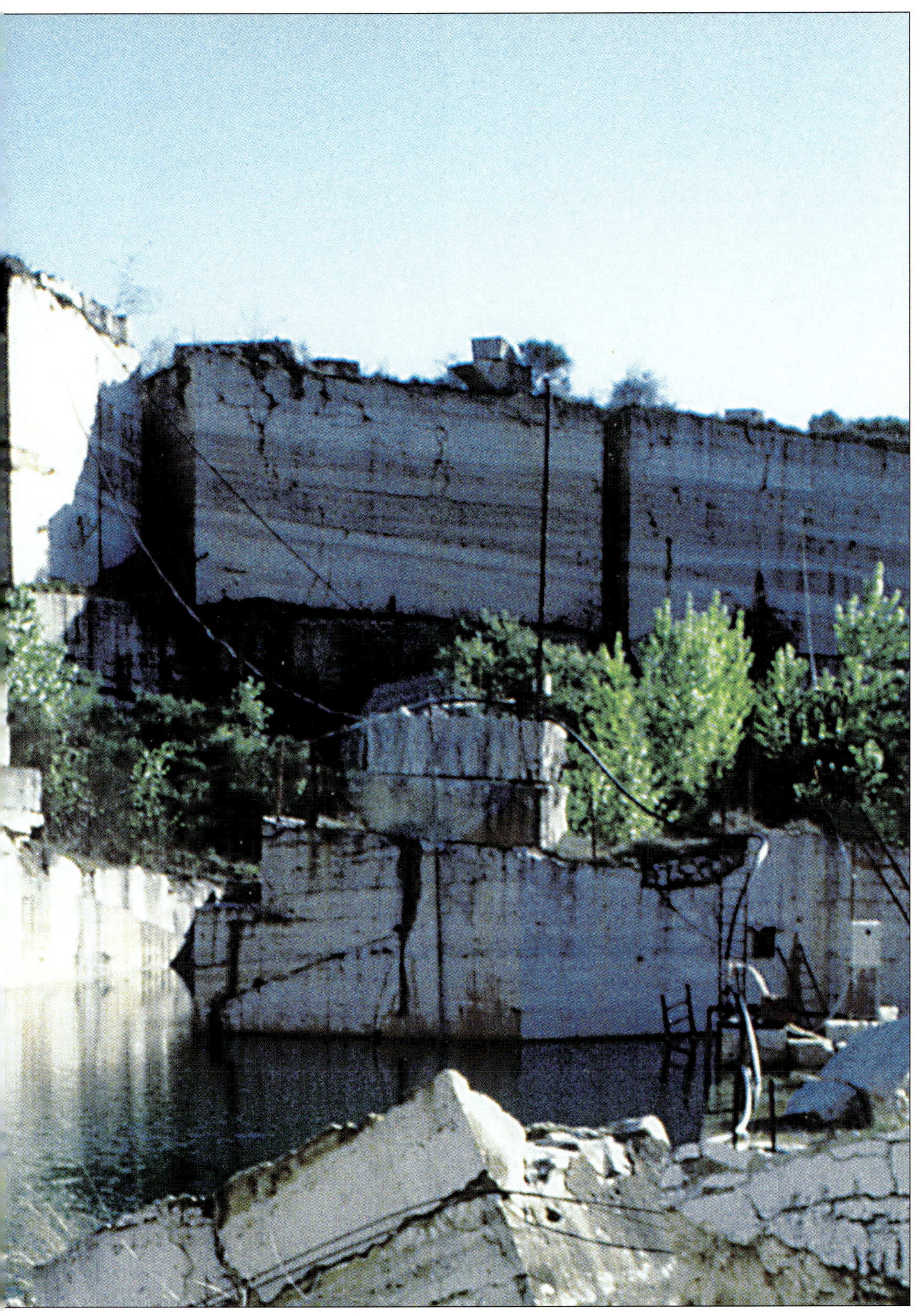

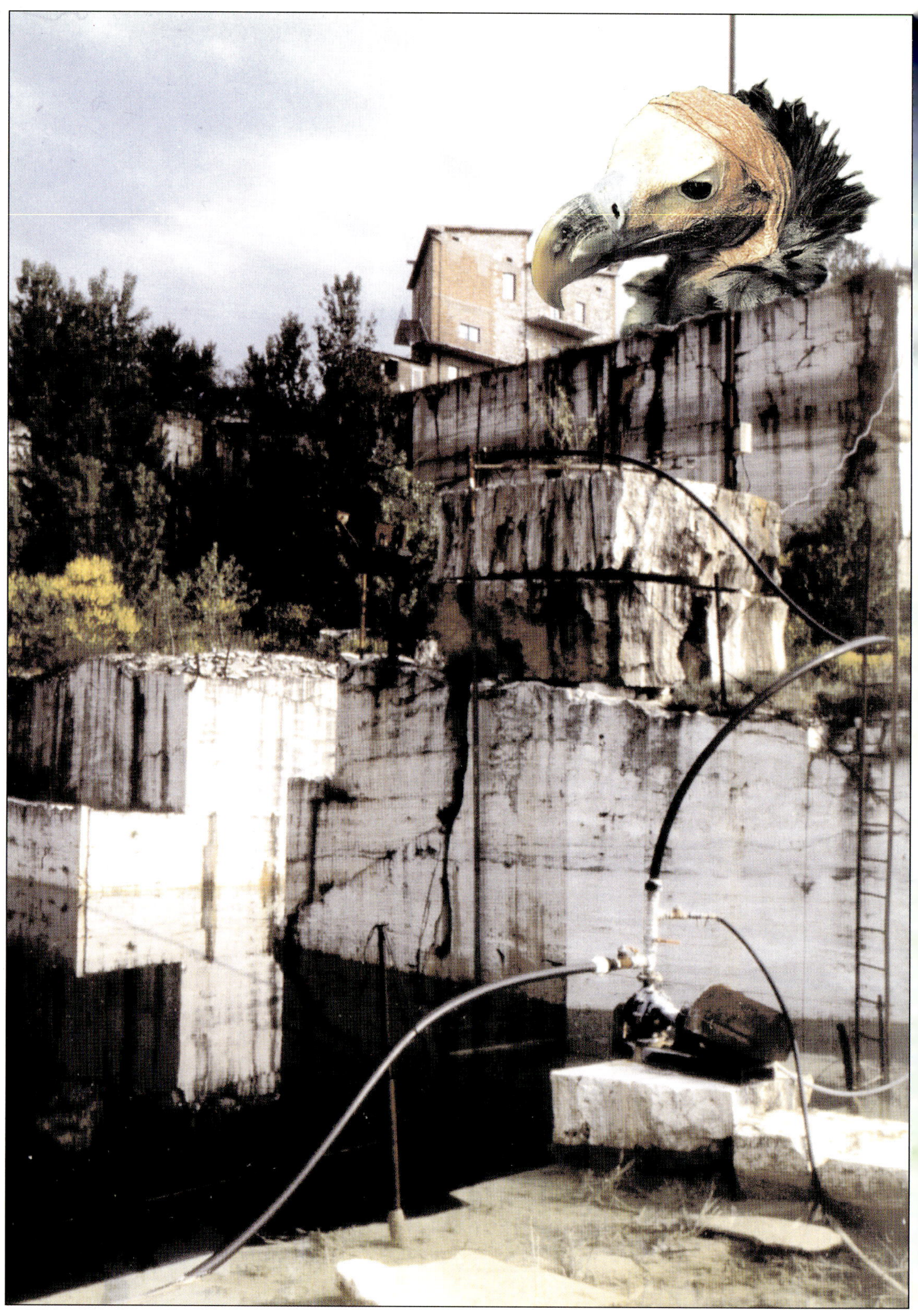

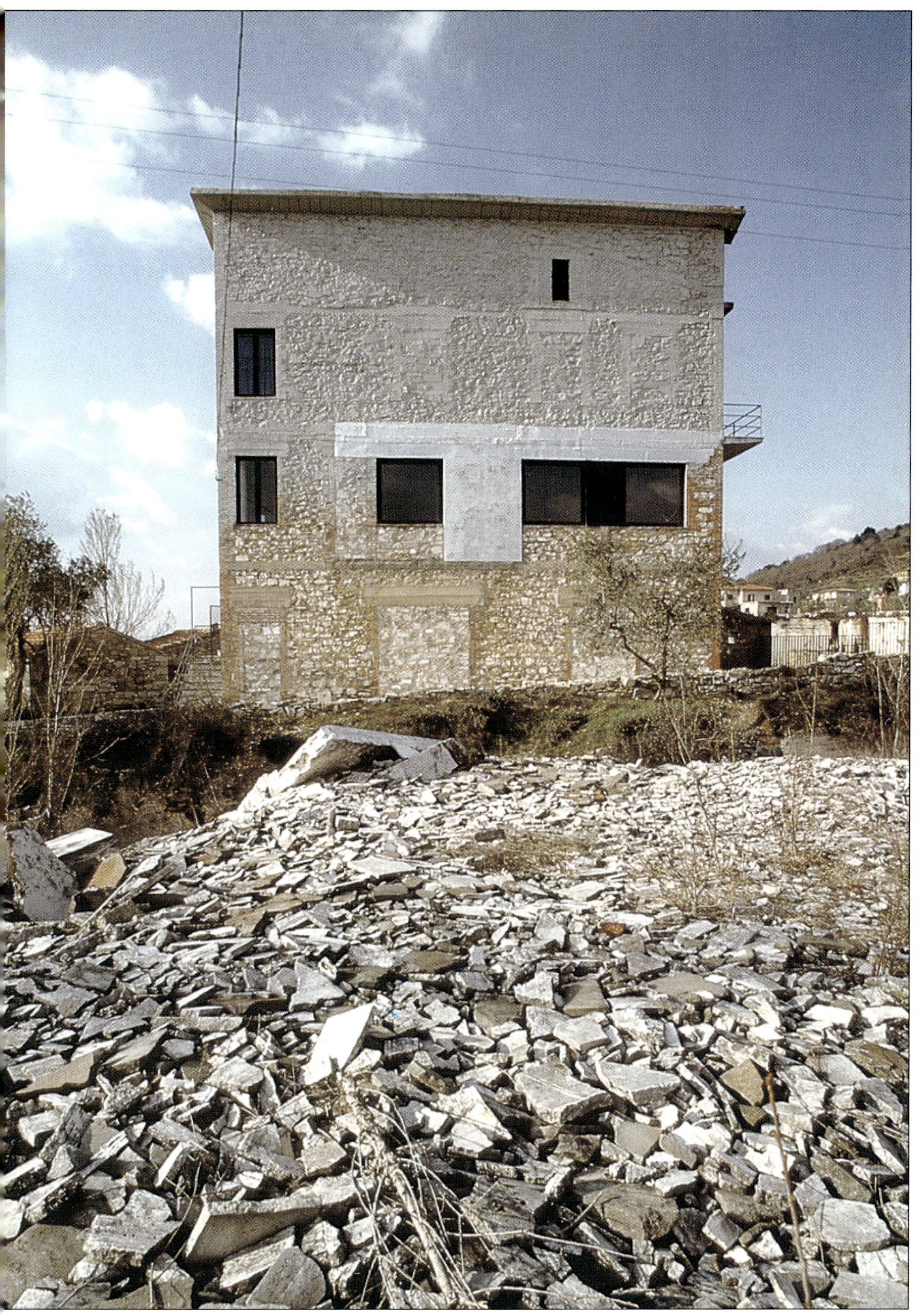

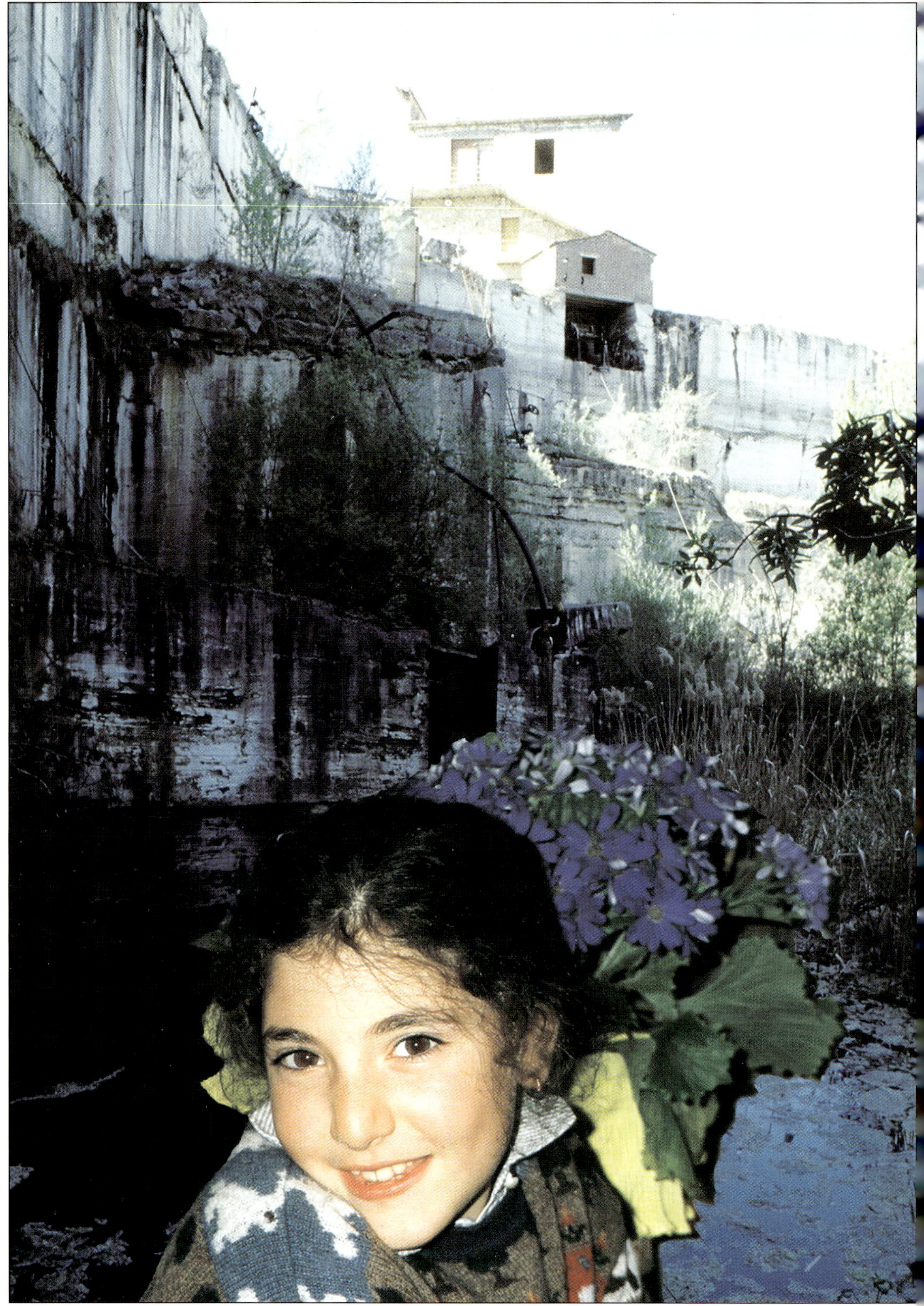

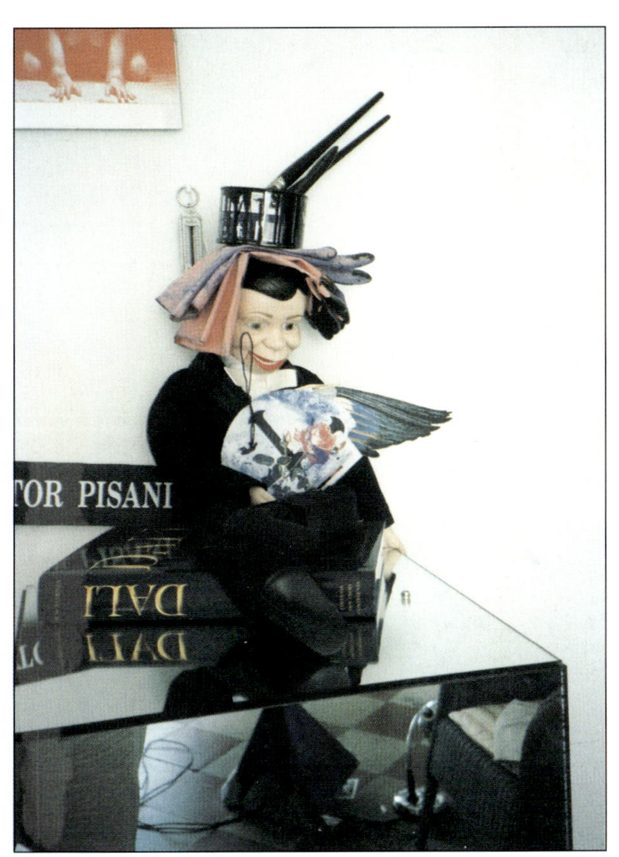
TOR PISANI
DALI
DALI

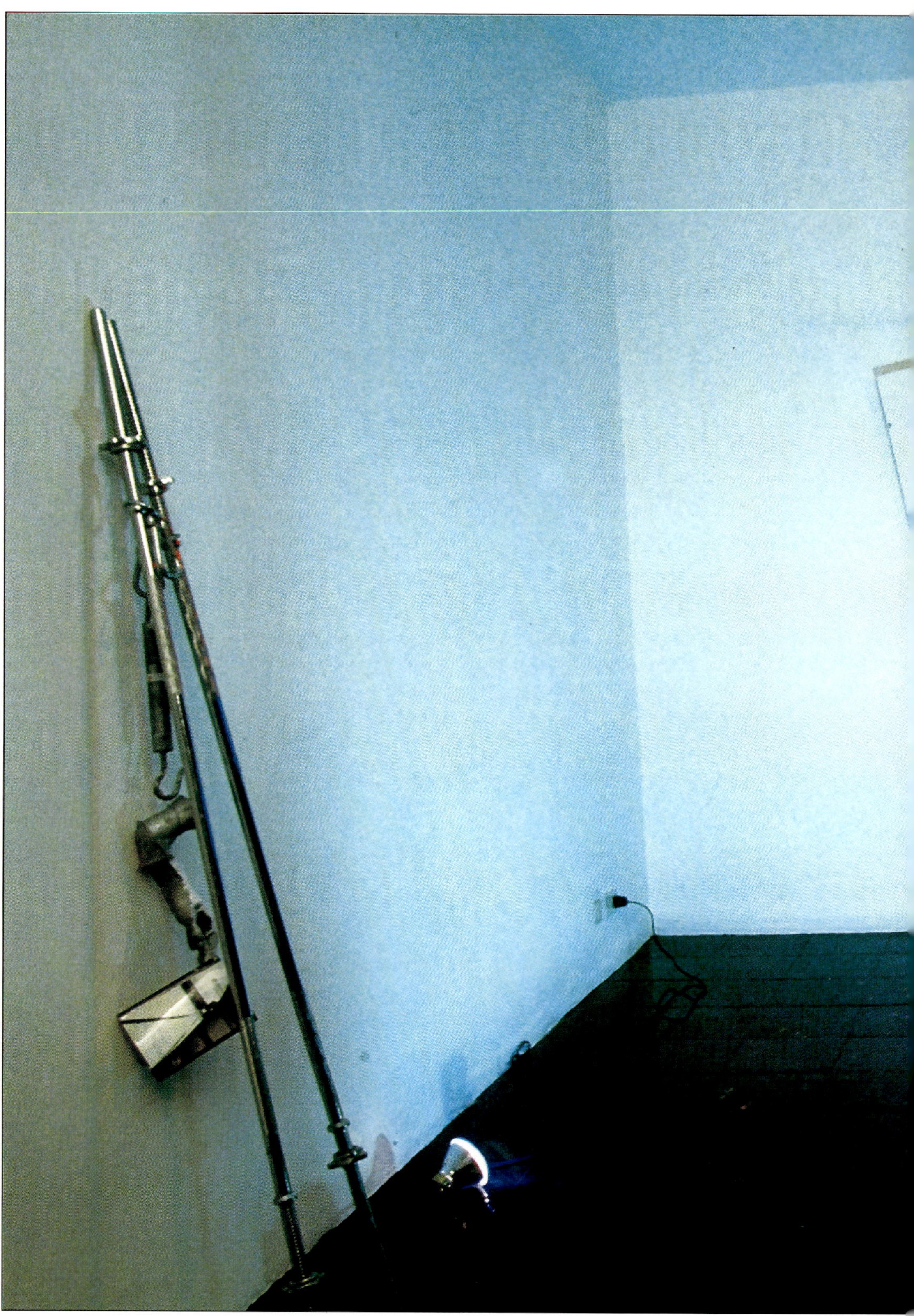

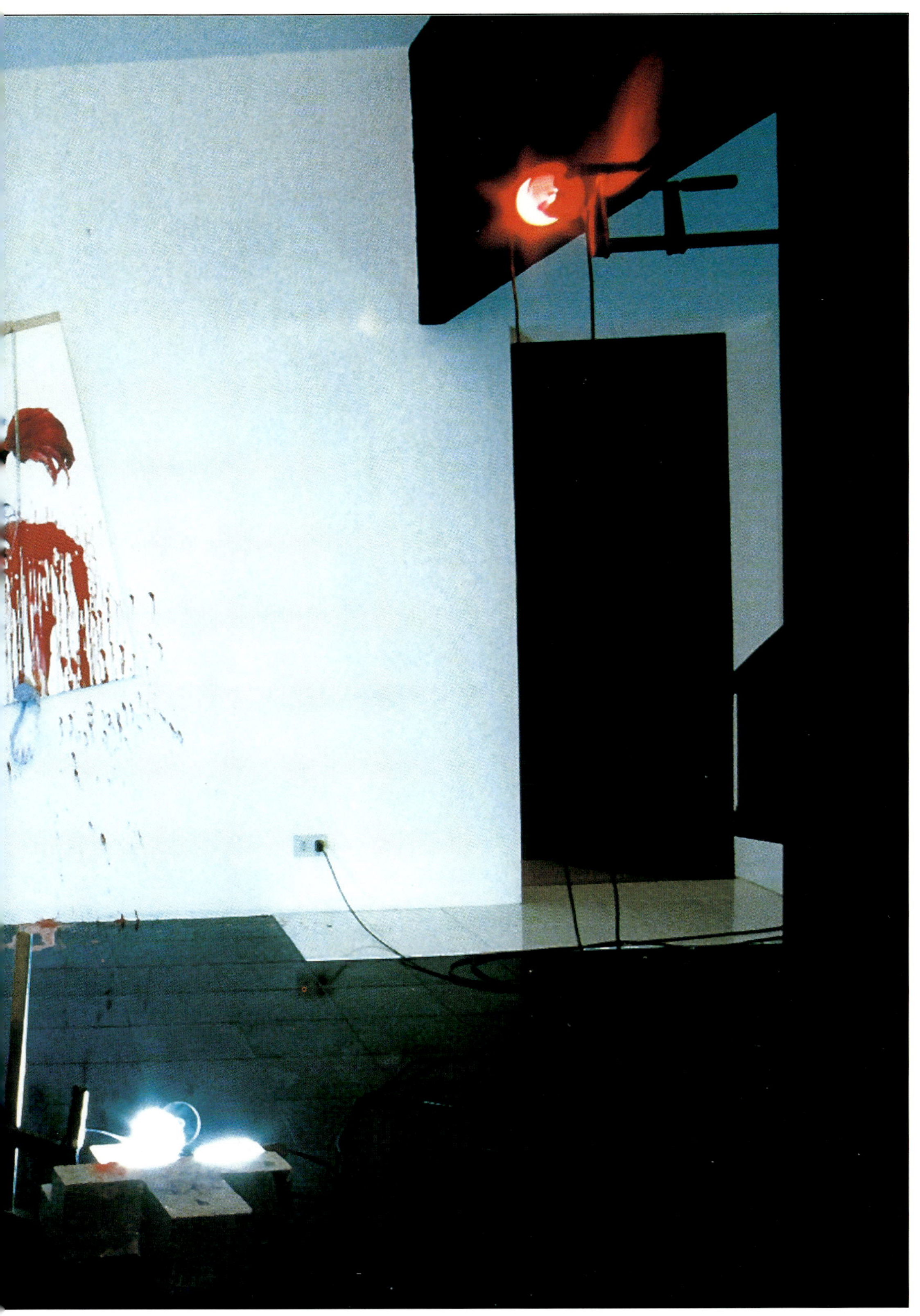

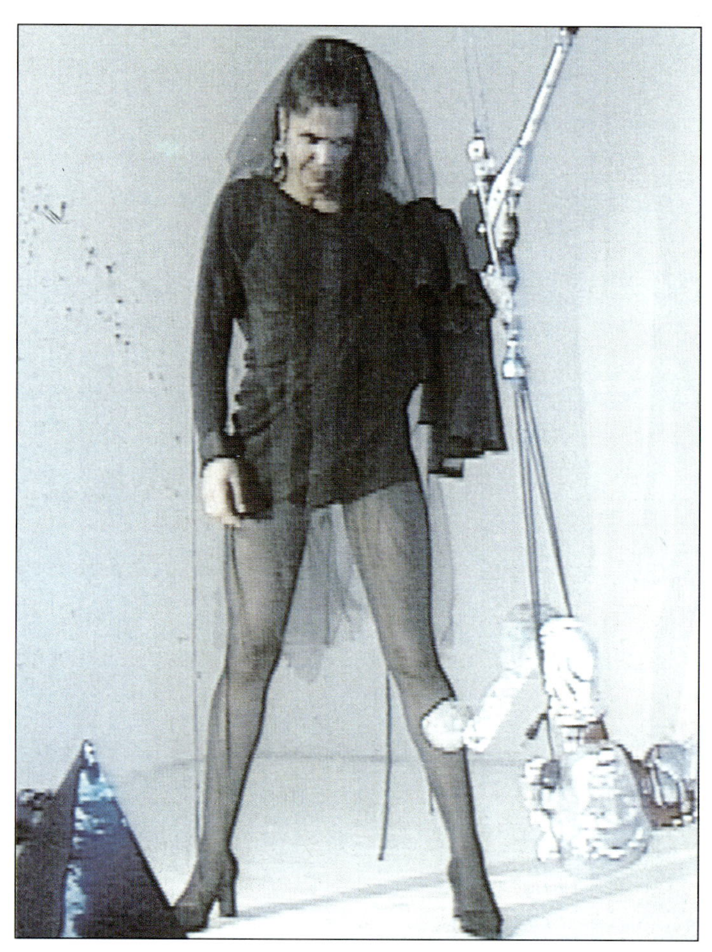

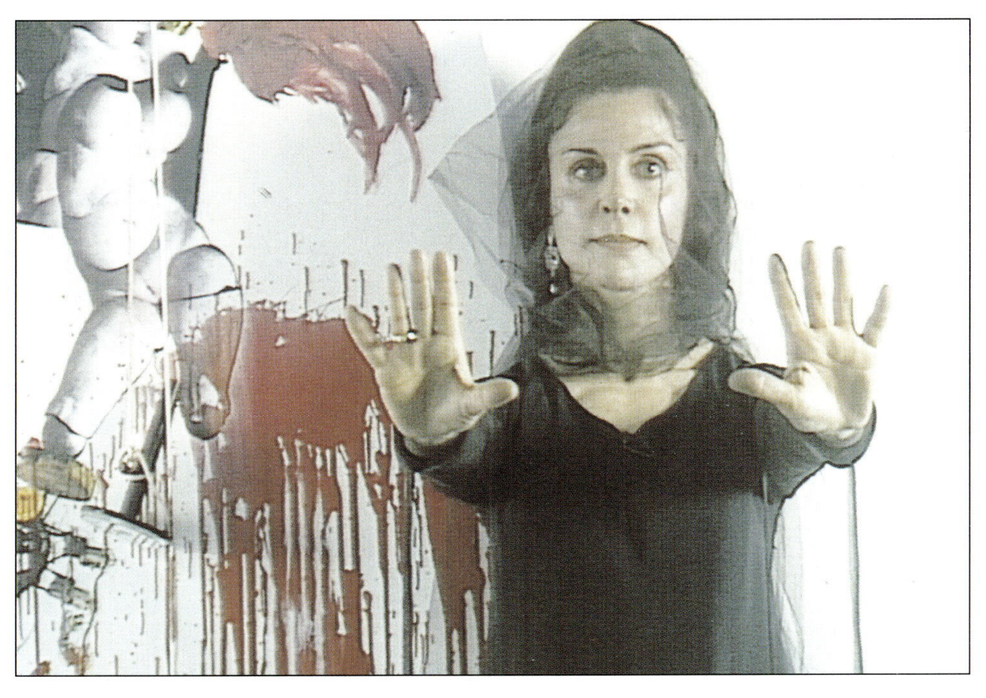

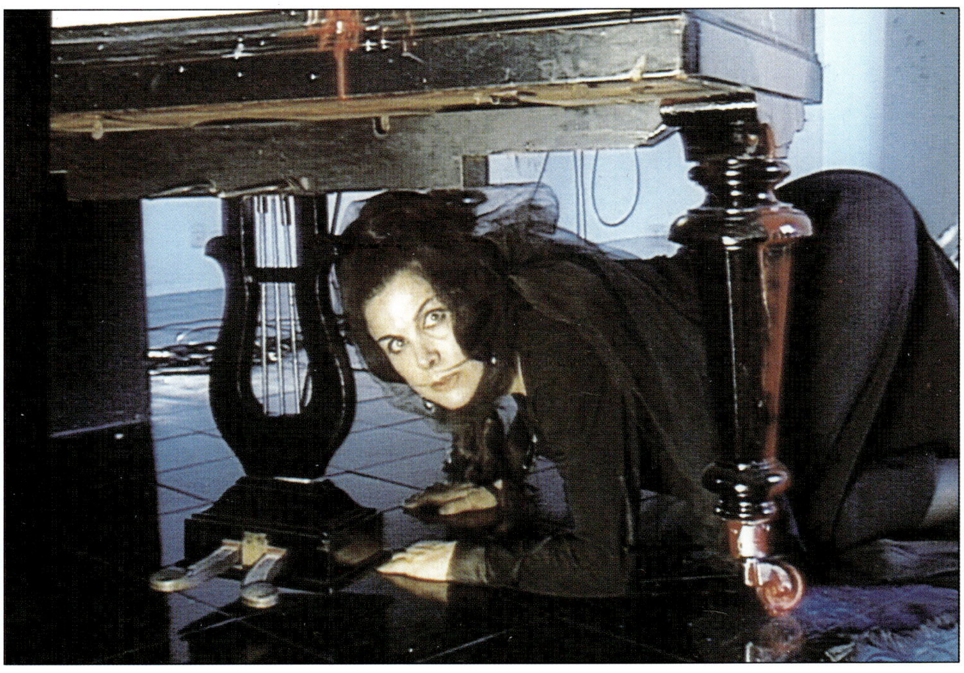

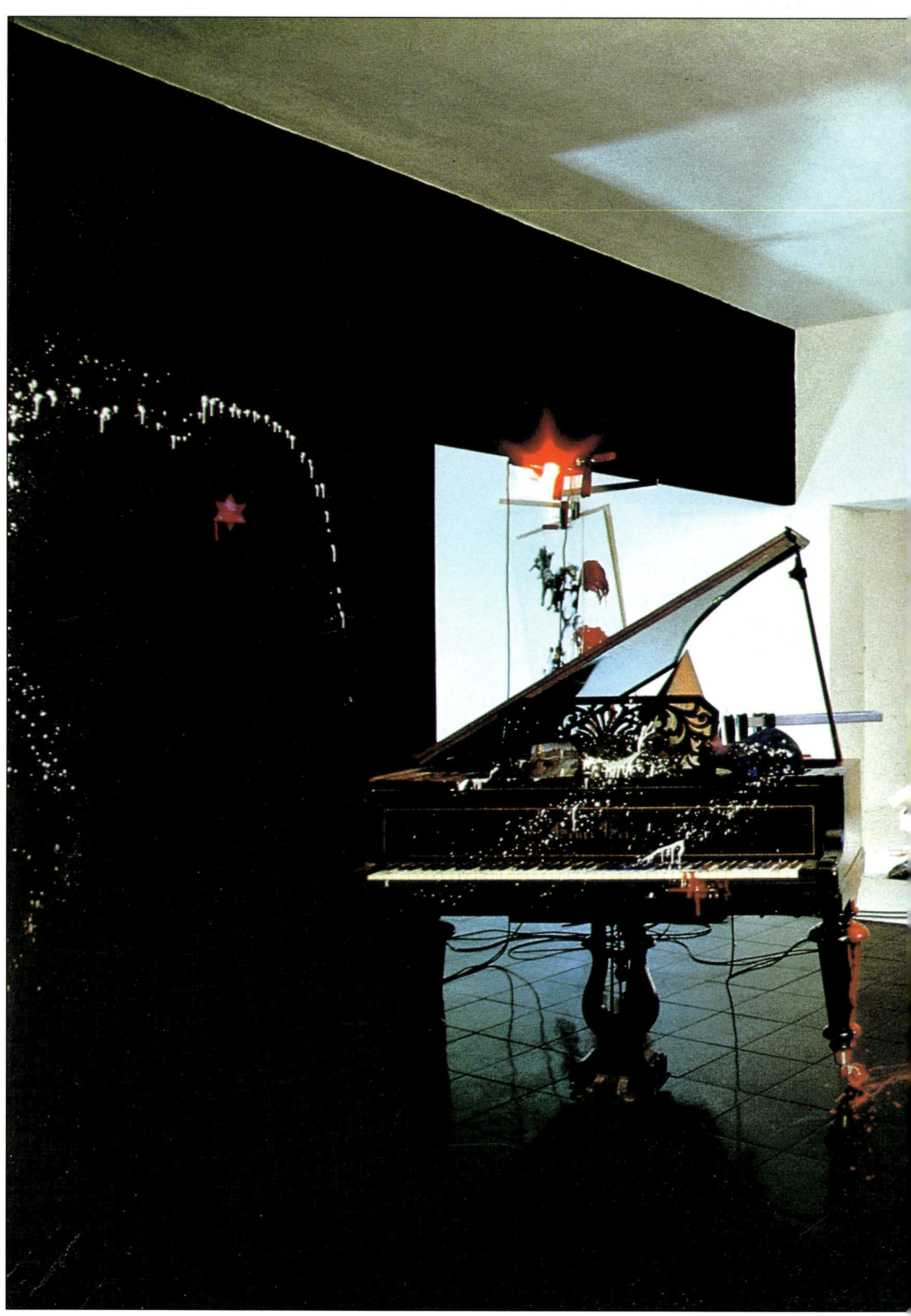

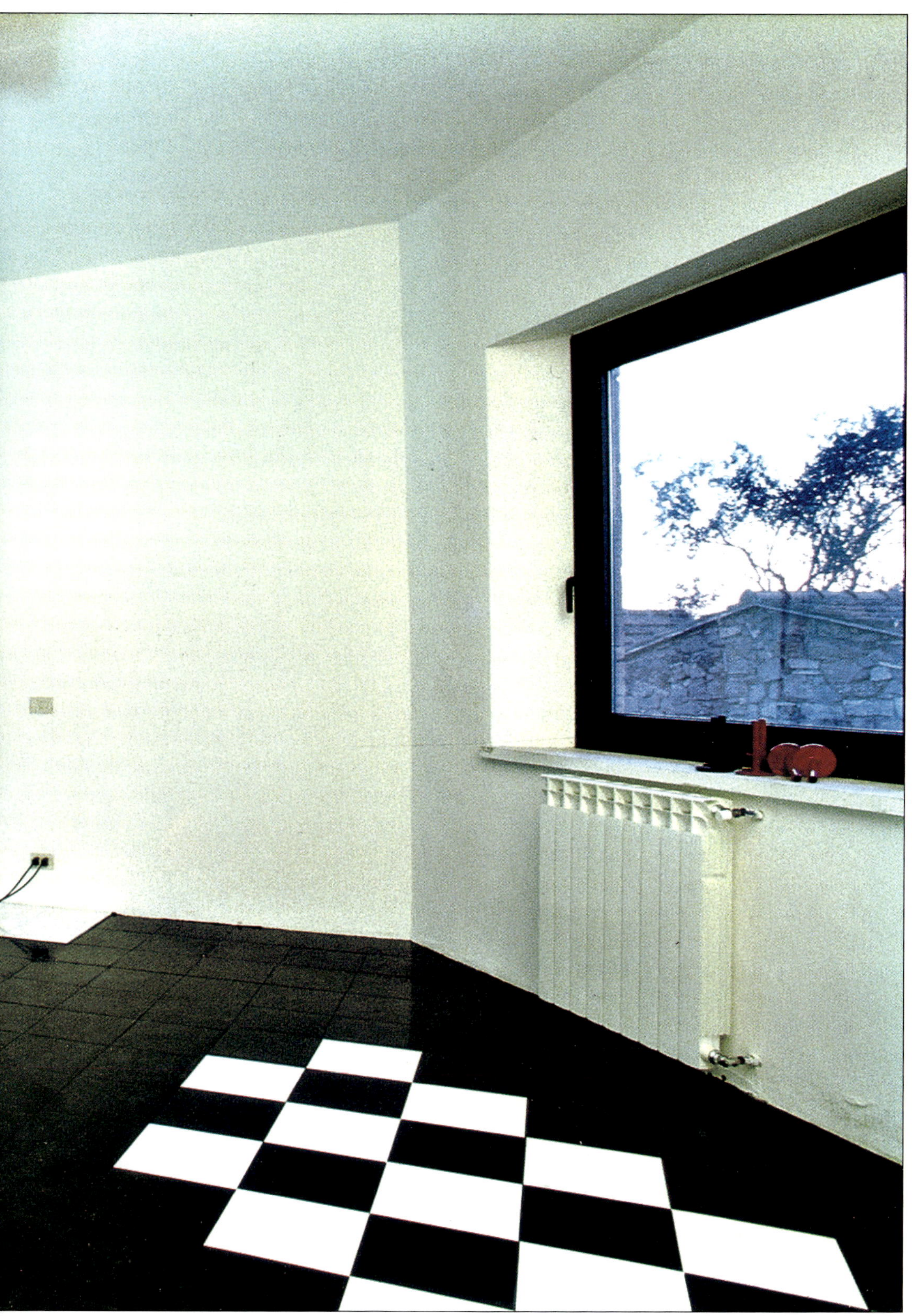

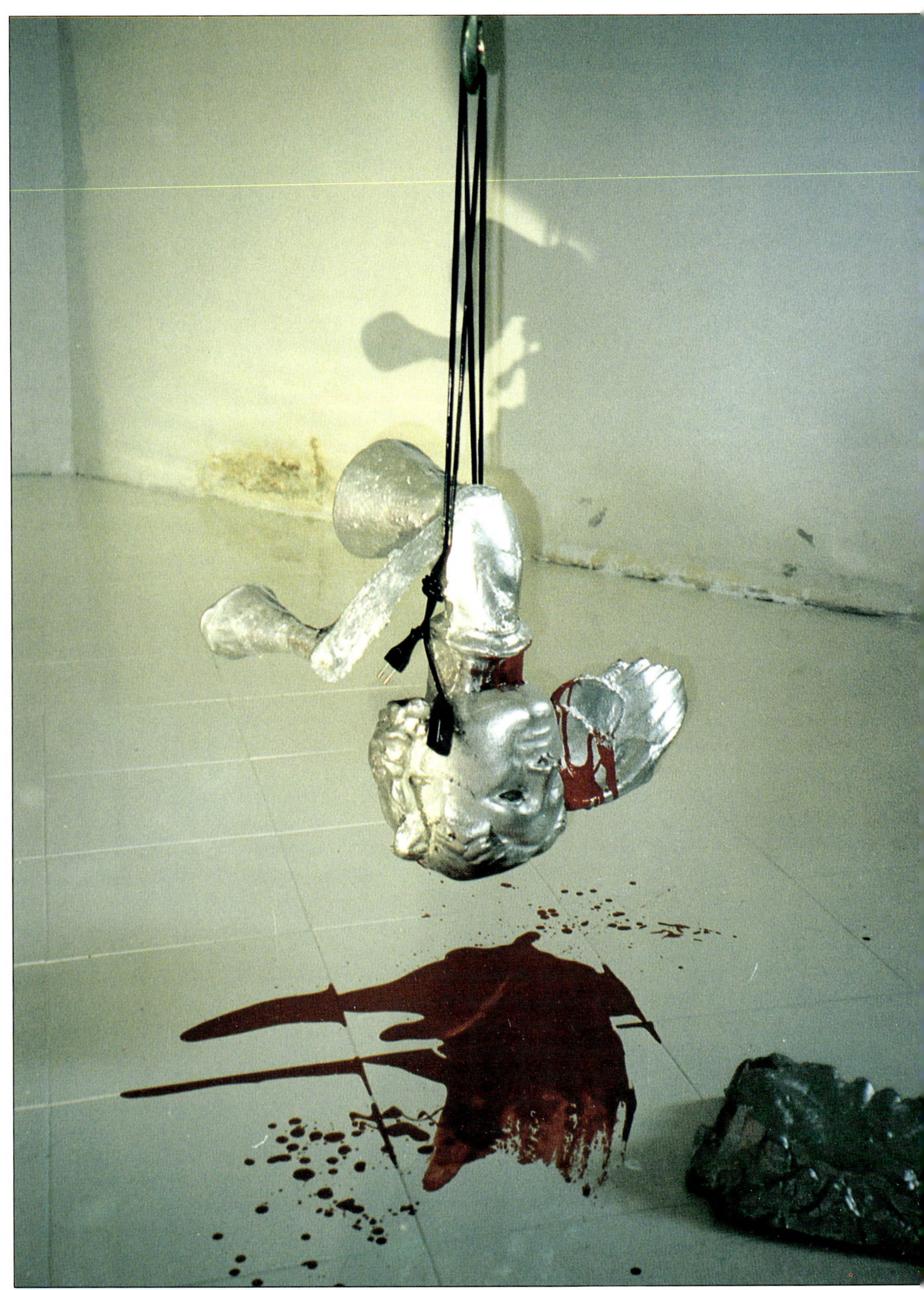

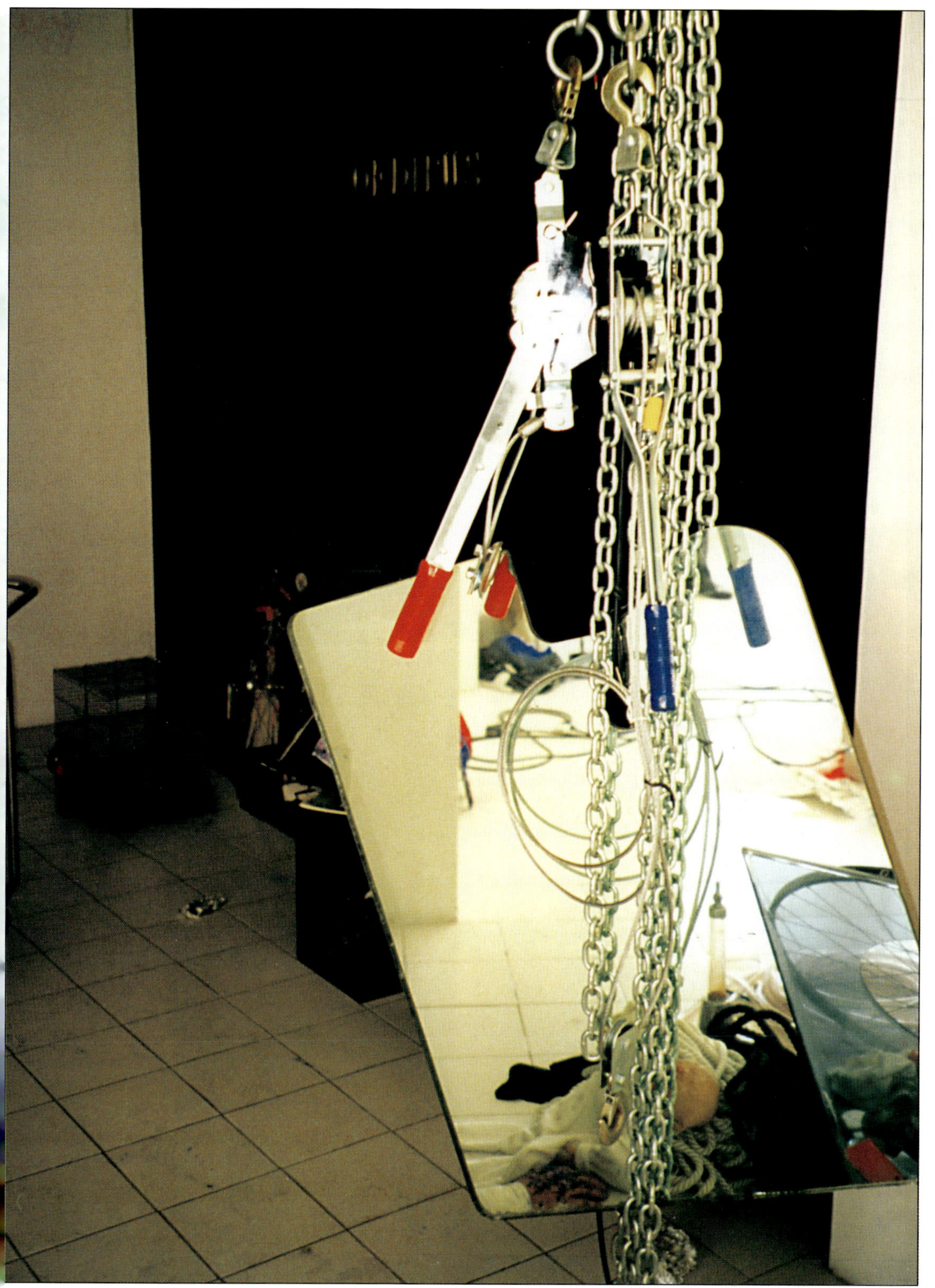

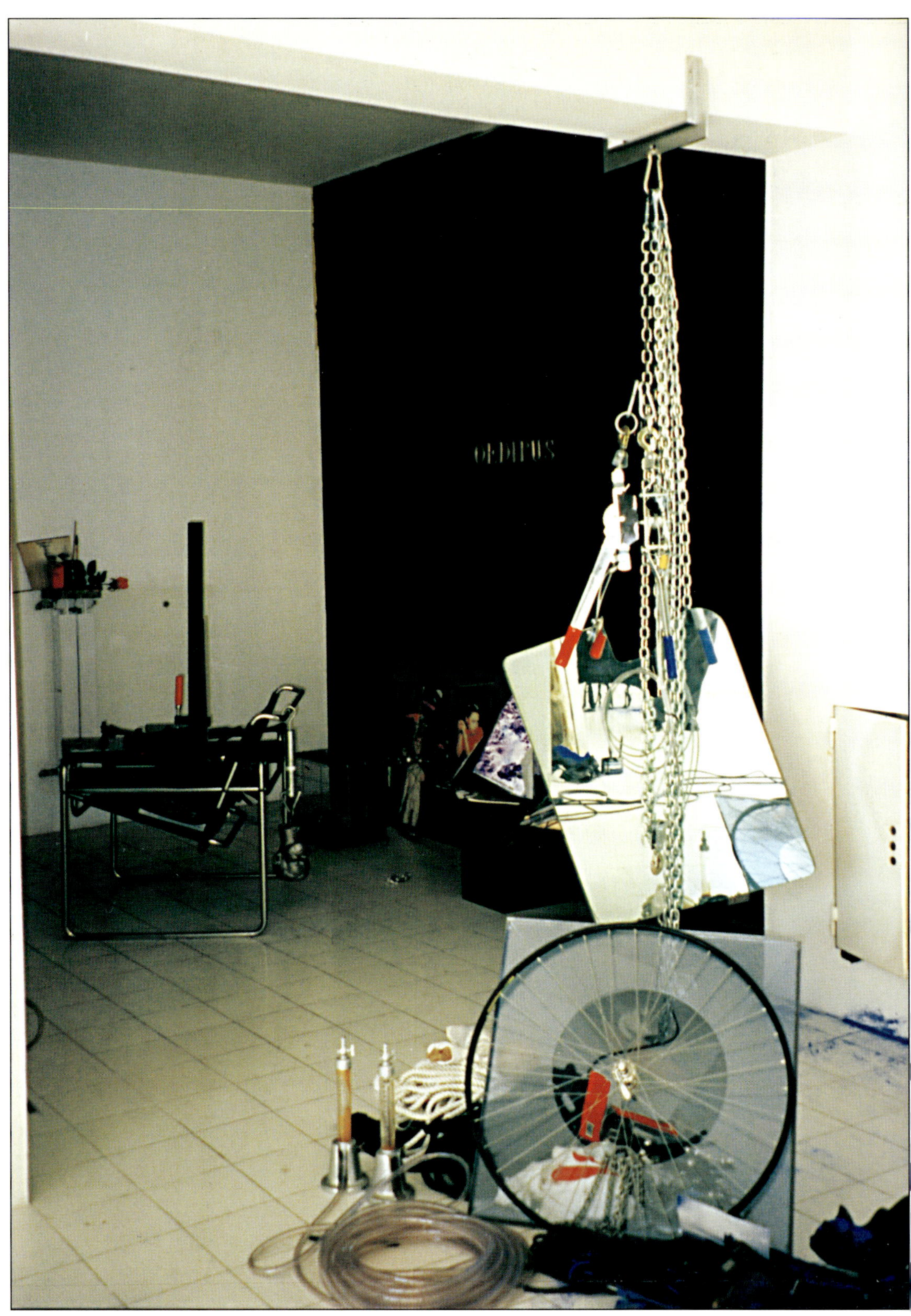

OEDIPUS

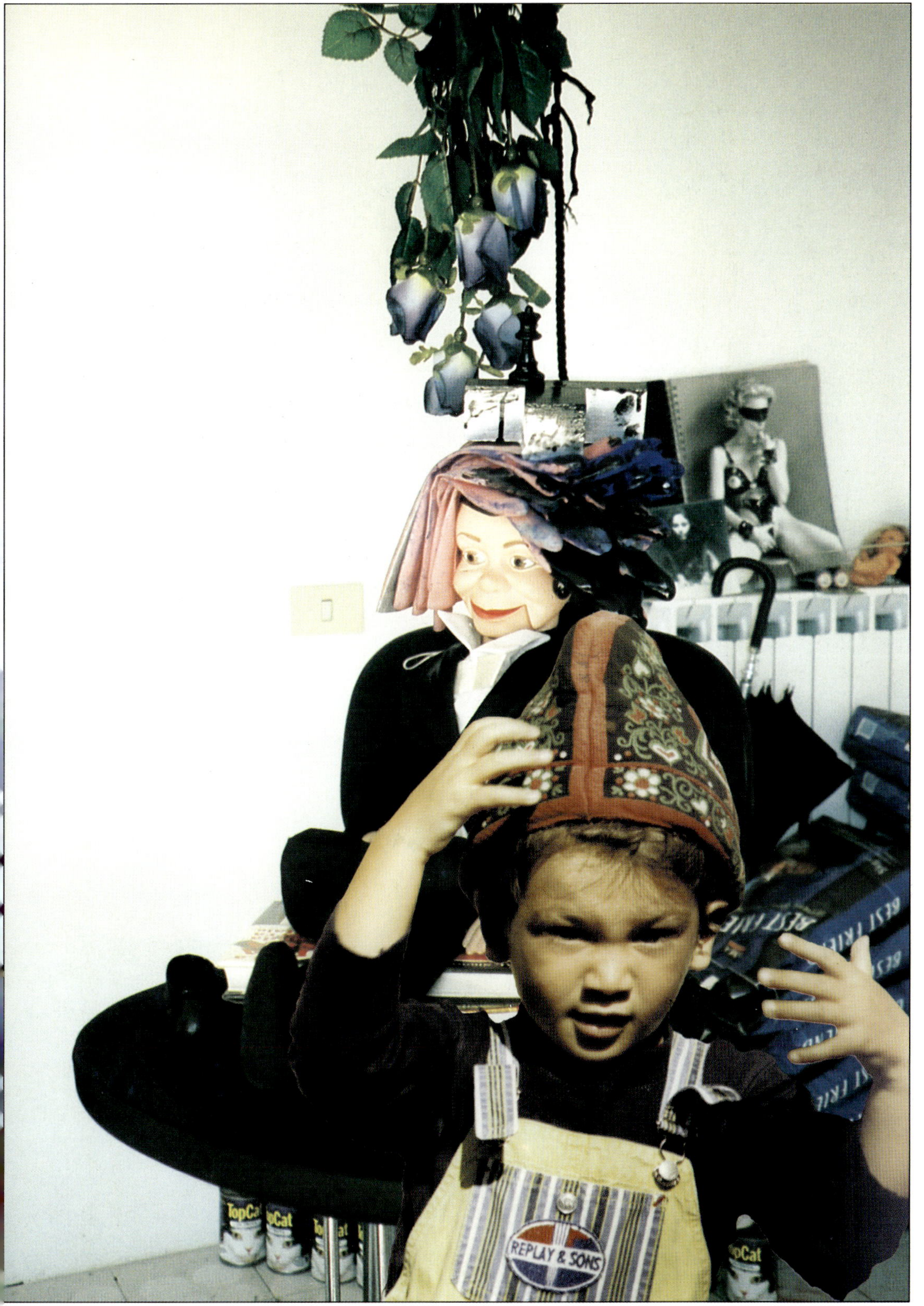

REPLAY & SONS
TopCat

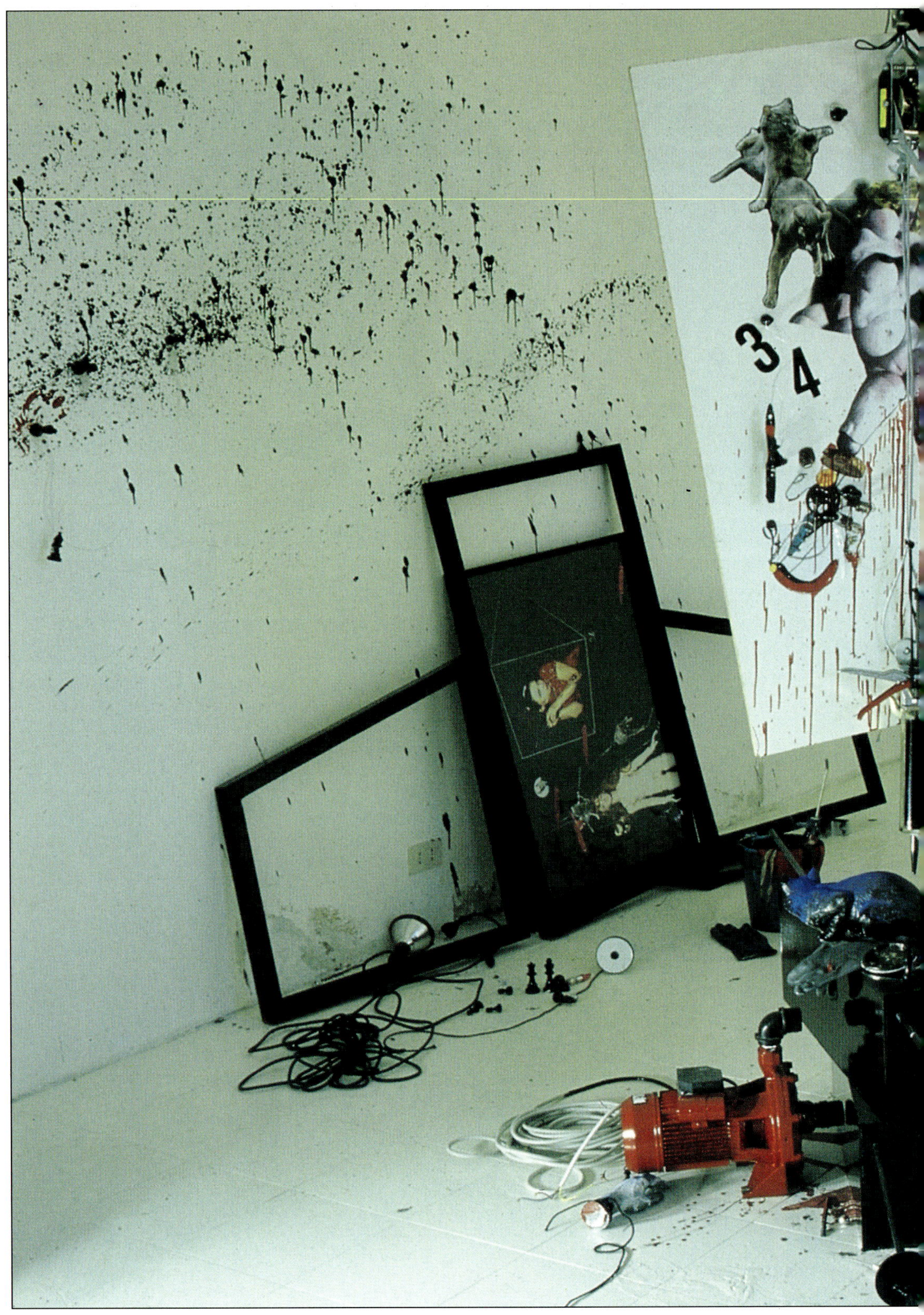

3 4

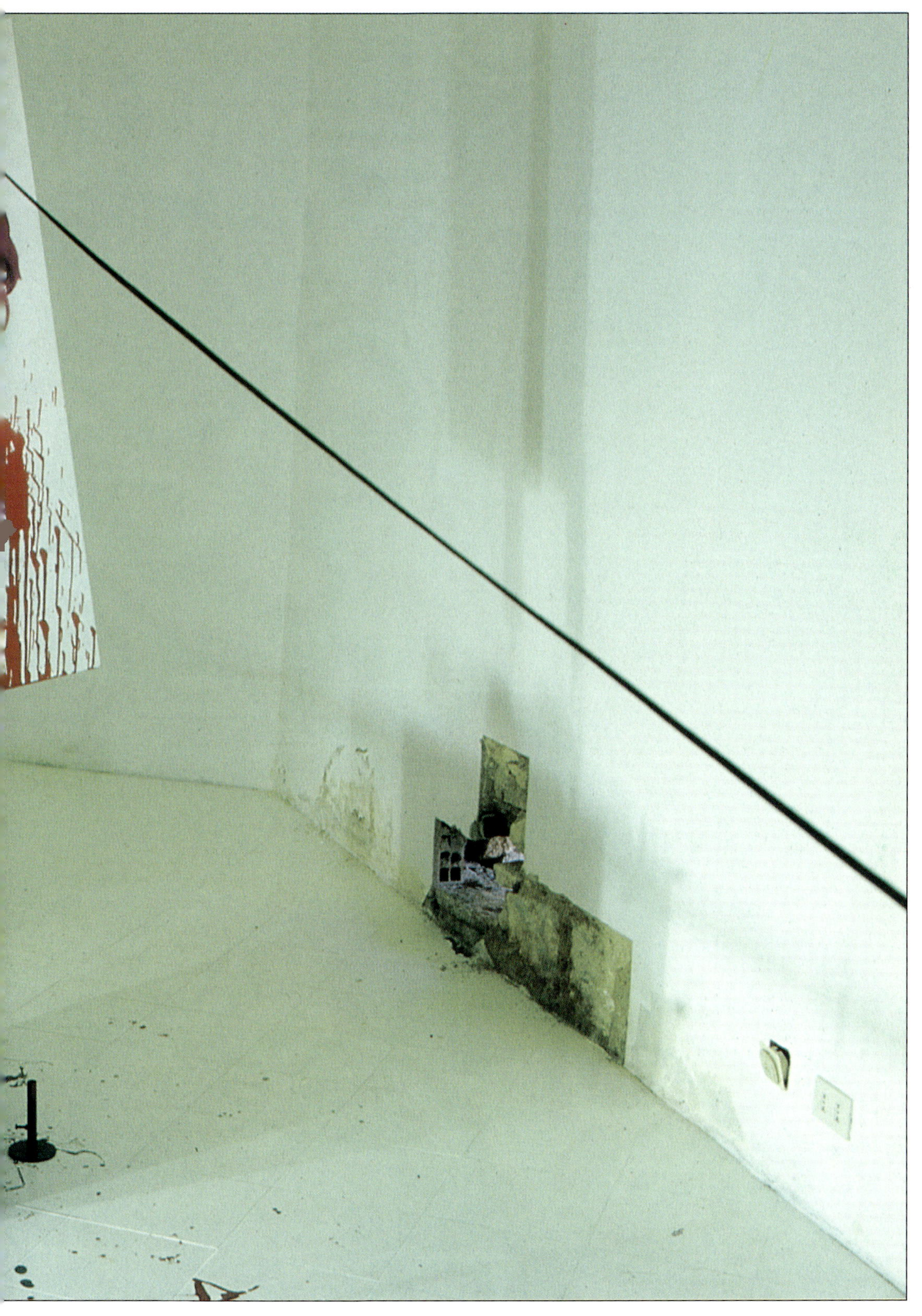

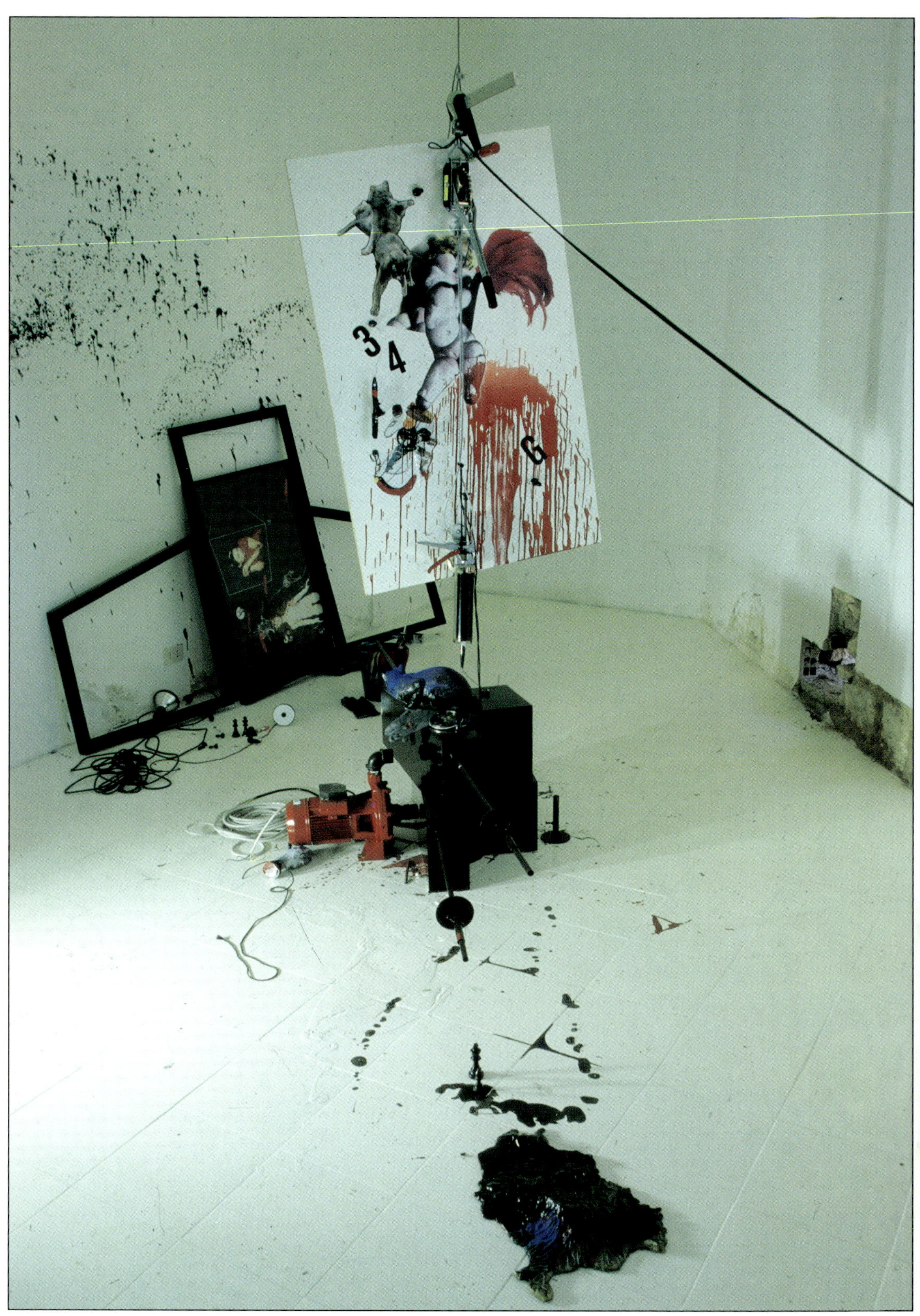

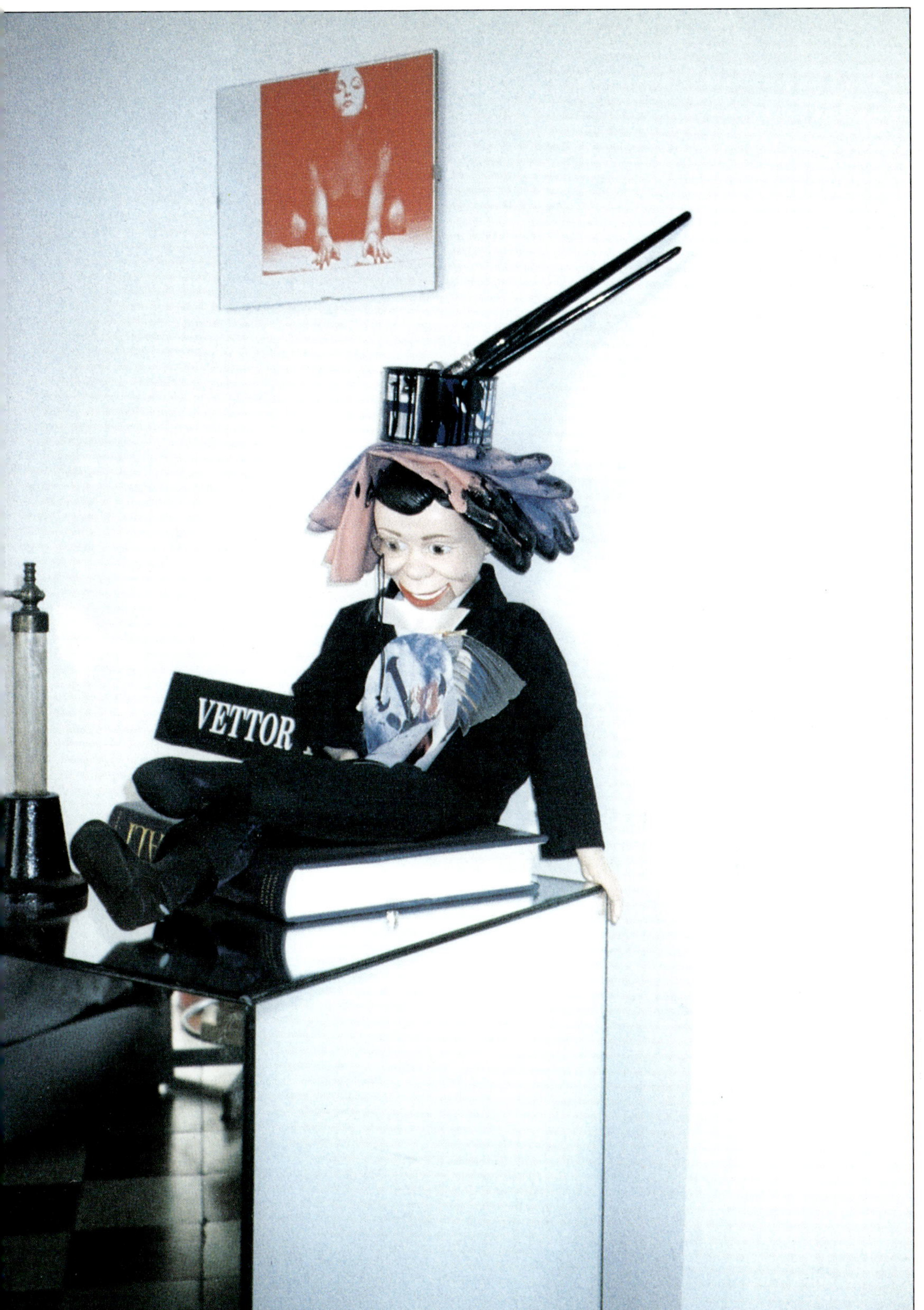
VETTOR

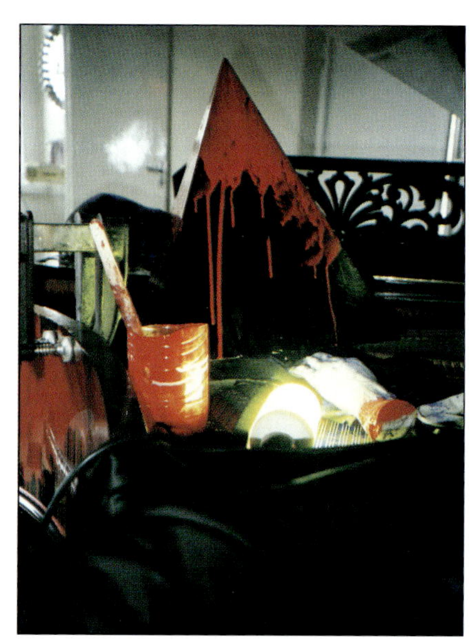

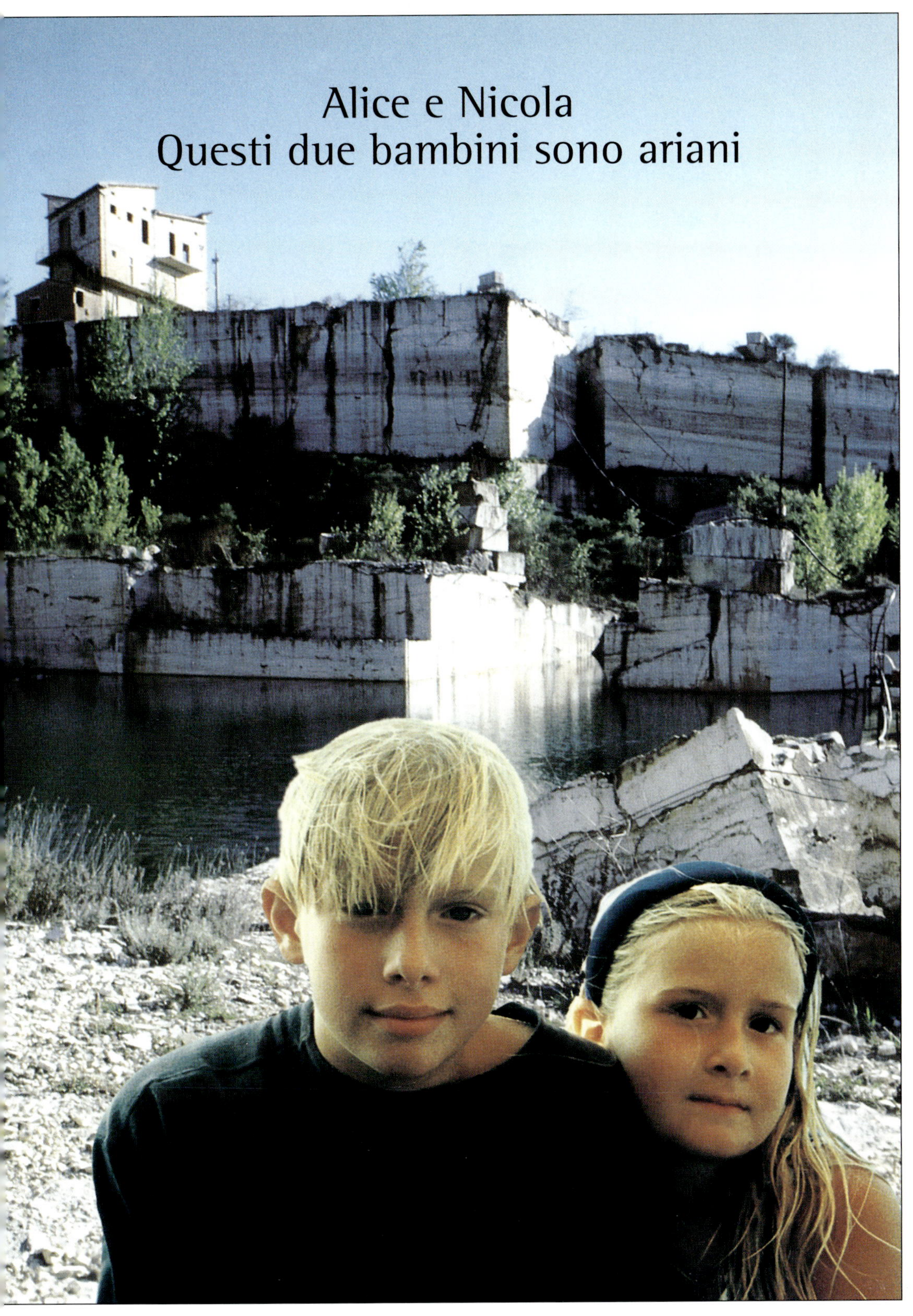

Alice e Nicola
Questi due bambini sono ariani

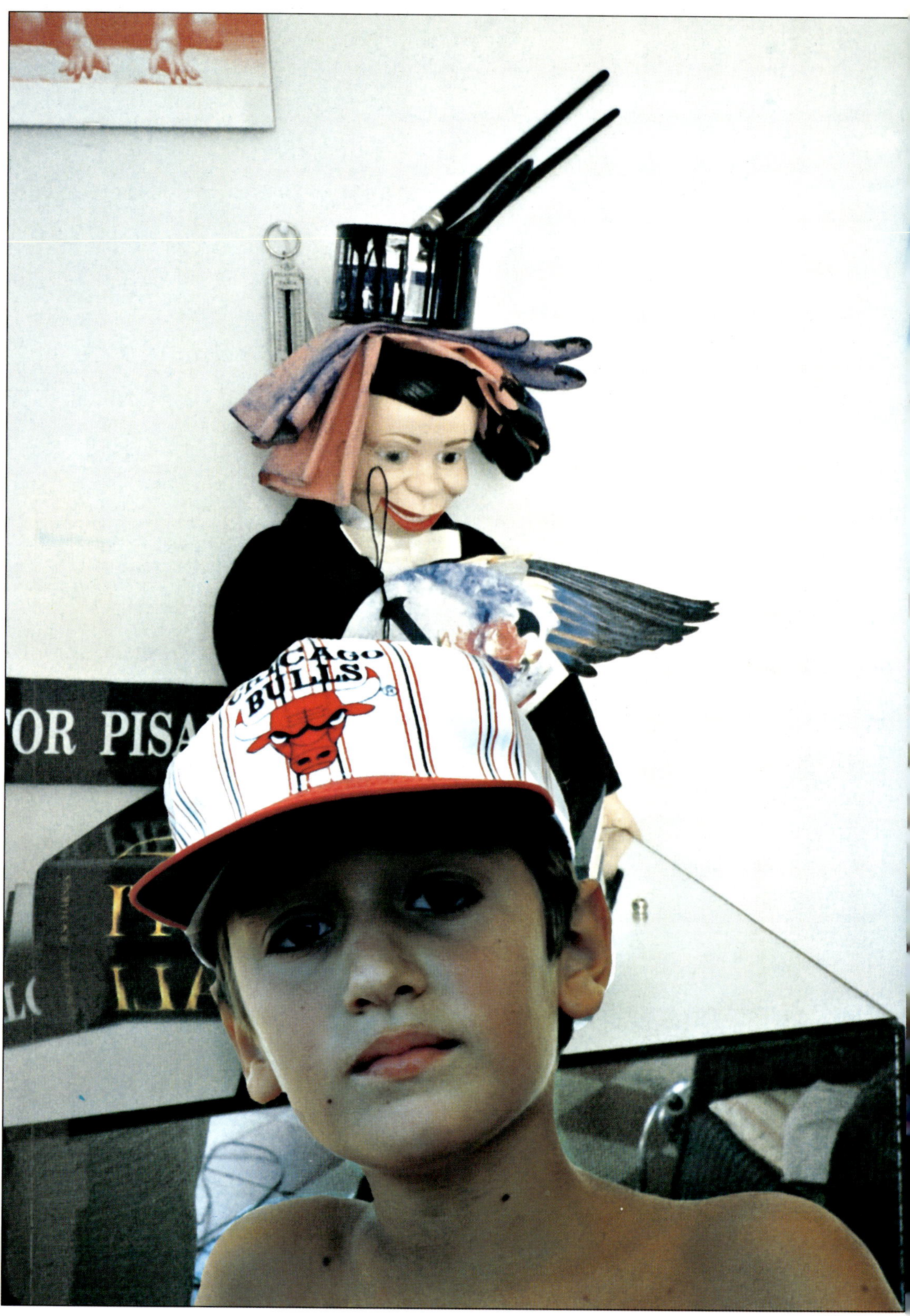

CHICAGO BULLS
OR PISA

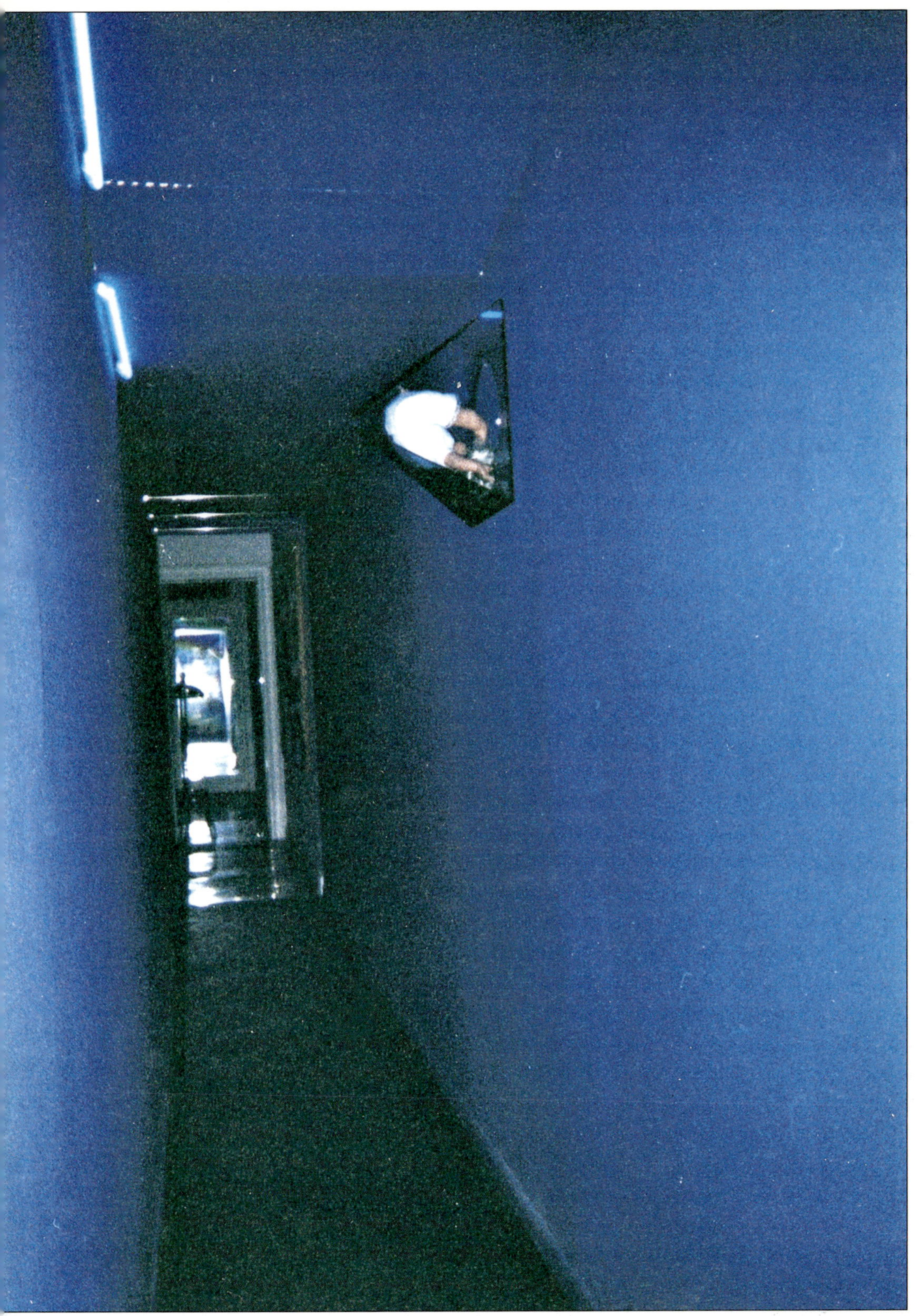

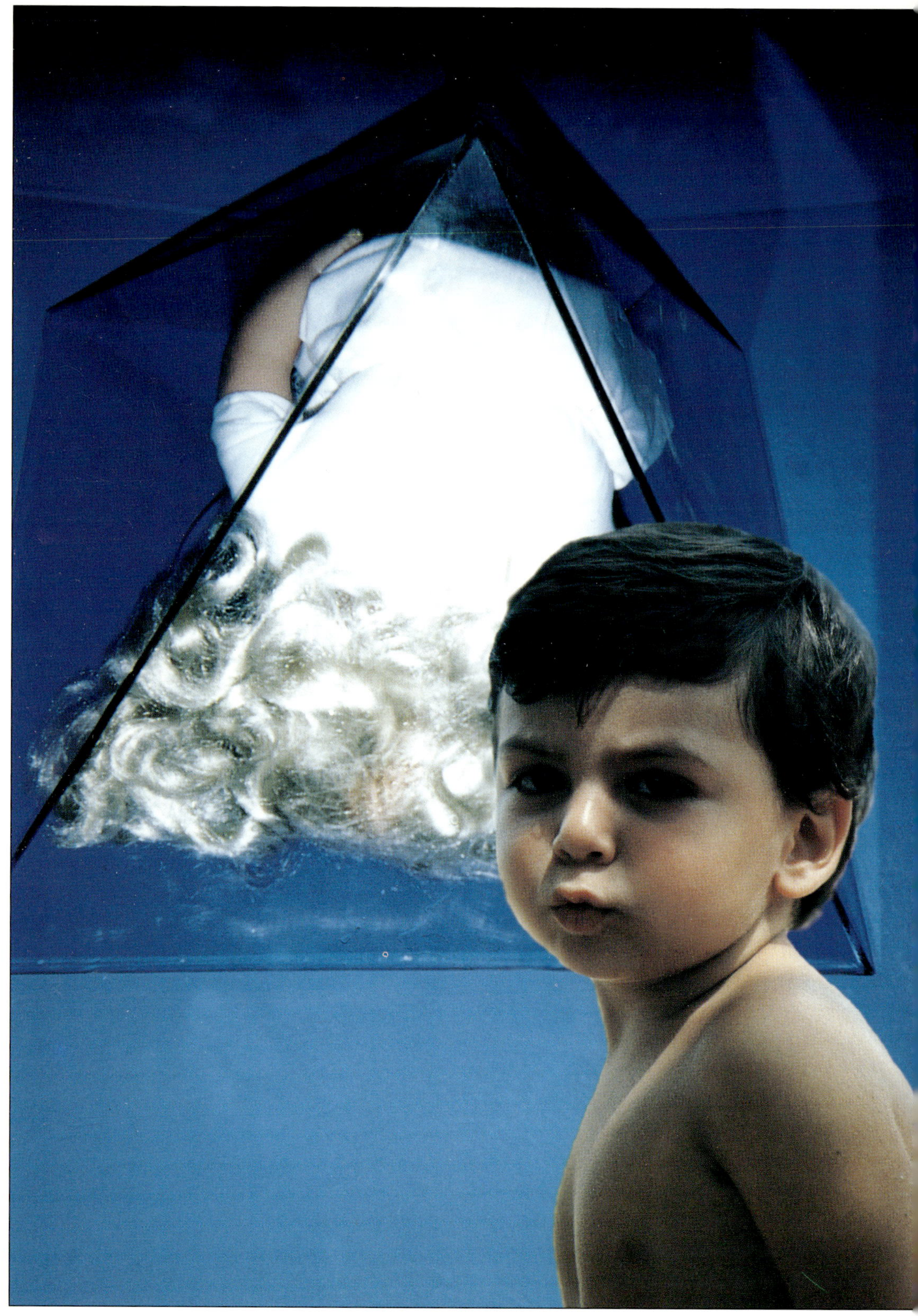

Finito di stampare nel mese di dicembre 1998
da Leva Spa, Sesto San Giovanni
per conto di Edizioni Charta